前　言

本书的主题是"中学物理学习策略实证研究"，共有八个章节、四个实证点。笔者选择"中学物理学习策略"这个点，是因为研究者较少，研究价值却很大，研究结论对现实教学有一定的指导意义。从大量研究物理学习策略的文章来看，更多的文章从质性上去研究，推测多于对事实的分析，因而这些研究难以服人；少量实证研究作品的研究方法又显得单一。本书基于大数据的研究思路，应用多种研究方法、分析手段，具有一定的创新价值。目前，国内系统研究中学物理学习策略的著作较少，从实证的角度研究中学物理学习策略的著作更是少之又少，因而本研究具有前沿性和创新性。总的说来，本书的价值取向主要有三：其一，让一线教师了解一些新的研究方法，如文献的量化方法，调查问卷的设计、检验、统计与分析方法；其二，引起广大教师与研究者对学习策略研究的注意，笔者想表达一种观点——学习策略的研究是很重要的；其三，从实证的角度进行研究，突出学习策略研究的热点、前沿与方向，以及学习策略的内涵、类型与内容，以指导广大教师的物理教学研究与实践。

本书的八个章节各有侧重。第一章"学习策略概述"，重点探讨学习策略的内涵、特点、类型，以及信息化视阈下的学习策略、物理学习策略、物理学习策略培养，等等。本章的描述手法类似于文献综述。第二章"学习策略研究前沿分析"与第一章深度相关，研究工具都是已有的关于中学学习策略的文献，但由于第二章与第一章的目的与视角不同，因而两章的结论也不相同。第一章的目的是让读者对学习策略有一个全貌性认识，突出学习策略"是什么""怎么样"的问题。而第二章借助了大数据的思路，采用可视化的方式，运用现代统计原理对已有文献做实证研究，目的是了解学习策略研究热点、前沿与方向。第三章"物理学习策略调查量表的选择"，重点说明选择什么样的调查问卷，以及该问卷的信度与效度检验。第四章是物理学习策略调查结果分析，重点分析学习策略的年级差异与性别差异。第五章与第六章是对物理学业情绪量表的选择、检验、数据分析，它虽然是中学物理学习策略调查研究的进一步完善、补充与拓展，但它是本书重点内容之一。第七章以文献研究为基础，对文献进行了一级、二级、三级编码，总结归纳出文献代码的核心范畴，以及有较高统领性、概括性与抽象性的代码体系，从而探索出学习策略与学习潜能的关系，即学习策略培养的过程就是学习潜能开发的过程。第八章在对三所高完中校部分学生进行物理学习策略现状访谈调查的基础上，系统总结了学生的学习策略及其不足，也侧面反映了教师教学方式的不足。访谈报告既体现了对中学物理学习策略进行实证研究的重要性，也是对本研究提出的调查量表的一次操作示范，对本研究的可行性进行了一次验证。

中学物理学习策略有四个实证点：文献研究、学习策略调查研究、学业情绪调查研究、学生访谈。文献研究有两个视角：其一，学习策略观点与方法的视角，研究方法与文献综述类同，目的是从中了解其他研究者对学习策略的认识；其二，学习策略热点与前沿的视角，研究方法为大数据分析，目的是从中了解学习策略研究的现状。学习策略调查研究，应用了国外的成熟量表，而且作者在问卷之后做了信度、效度检验，其结果完全符合统计学规律。笔者在学业情绪调查研究中改编了成熟的量表。因为使用的是改编的量表，笔者先采用多种方法对量表进行了信度、效度检验，在完全符合统计学要求的前提下再进行数据分析。无论是文献研究，还是调查统计分析，笔者都尽量采用新的思路与科学的方法。

笔者力图使本书的研究方法多样、视角新颖、知识性与实用性相得益彰，但由于水平有限，且数据众多，书中难免存在错误、纰漏，欢迎广大读者、同仁批评斧正。

作者

2017 年初秋

传统研究于思辨后形成意见，
视物理学习策略为甚；
然实证研究于思辨后亦形成意见，
知物理学习策略实为甚。
故实证研究之思辨，使研究达至科学境界。
实证研究囊湖关系、揭示因果、把握本质；
是质性的，是量化的，更是科学的。
本套书力致早用实证研究方法
科学地探索物理教与学策略之著作。

中学物理学习策略实证研究

An Empirical Study on the Strategy of Middle School Physics Learning

莫芮 著

四川大学出版社

责任编辑:喻　震
责任校对:邓　蓉　王　冰
封面设计:米迦设计工作室
责任印制:王　炜

图书在版编目(CIP)数据

中学物理学习策略实证研究 / 莫芮著. —成都:
四川大学出版社,2017.12
ISBN 978-7-5690-1520-1

Ⅰ.①中…　Ⅱ.①莫…　Ⅲ.①中学物理课－学习方法
Ⅳ.①G634.73

中国版本图书馆 CIP 数据核字（2017）第 323760 号

书　名	**中学物理学习策略实证研究**
	ZHONGXUE WULI XUEXI CELÜE SHIZHENG YANJIU
著　者	莫　芮
出　版	四川大学出版社
地　址	成都市一环路南一段 24 号 (610065)
发　行	四川大学出版社
书　号	ISBN 978-7-5690-1520-1
印　刷	郫县犀浦印刷厂
成品尺寸	170 mm×240 mm
印　张	7.5
字　数	143 千字
版　次	2018 年 5 月第 1 版
印　次	2018 年 5 月第 1 次印刷
定　价	35.00 元

◆ 读者邮购本书,请与本社发行科联系。
　电话:(028)85408408/(028)85401670/
　(028)85408023　邮政编码:610065
◆ 本社图书如有印装质量问题,请
　寄回出版社调换。
◆ 网址:http://www.scupress.net

版权所有◆侵权必究

目　录

第一章　学习策略概述

一、什么是学习策略

（一）学习策略的内涵

一直以来，"学习策略"都倍受研究者重视，却难以被实践者正视，更不用说学生学习策略的培养。其原因可能是多方面的。但笔者认为最主要的原因在于人们对学习策略的认识不够清晰，没有形成方便实践者操作的方法与策略。

首先探讨一下什么是策略。《辞海》中记载："策略就是达到某种目的而使用的计策，是人们经与事物的多次交道而形成的行动计策或谋略意识。"① 在互联网上搜索"策略""策略的概念"或"策略的含义"，除百度百科对策略有粗浅的解释以外，很少有研究者对策略一词给出更加明晰的定义。但人们更多地把策略具体化，如营销策略、战争策略、教学策略、学习策略等。因此，策略是一个非常抽象的词语。笔者认为，人们解决问题总有一定的方法。那么，解决某一问题的系统化的、操作化的方法就是策略。因此，策略是方法的进一步升华。

什么是学习策略呢？学习策略的概念自教育大家布鲁纳于 1956 年提出，时至今日，虽没有明确的定义，但产生了若干种观点。其中有五种观点具有代表性：

第一种观点是梅耶（Mayer）提出来的，他认为学习策略是"学习过程中用以提高学习效率的任何活动"，是"学习者有目的地影响自我信息加工的活动"。

第二种观点是杜菲（Duffy）提出来的，他认为学习策略是"内隐的学习

---

① 辞海［M］．上海：上海辞书出版社，1979：1885．

规则系统"。

第三种观点是凯尔（Kail）提出来的，他认为学习策略是一系列的学习活动过程，隐含于活动过程之中，而不是简单的学习条件。

第四种观点认为学习策略是具体的学习方法或技能。或者说方法与技能是学习策略最基础的东西，是学习策略的依据或根本。

第五种观点把学习策略看作对学习的调控方式。

分析上面的定义我们发现，学习策略是活动、规则、过程、方法或技能、调控方式。基于此，本书比较认同学习策略是学习者为提高学习效率、达到一定的学习目的，在元认知系统的监控下，根据特定学习情境、学习内容及主客观条件的变化，调节和控制学习方法的选择与使用，调控整个学习活动的一系列执行过程。它既是内隐的规划系统，又是外显的程序和步骤。

学习策略之内涵与外延，仁者见仁、智者见智，不同的研究者可能提出迥然相异的见解，难以达成共识，也难以在实践中操作。或说学习策略即学习方法；或说学习策略为学习技术。学者刘东则认为："学习者通过对自己学习的反思以及在学习过程中做出用什么方法处理新信息的决策，逐渐丰富自己学习策略的储备，发展灵活运用学习策略的能力，形成对自己学习的元认知，并掌握一整套策划、启动、实施、监控、调节和评价学习的有用技能。"[①] 心理学家刘儒德却说："学习策略，就是学习者为了提高学习的效果和效率，有目的、有意识地制定的有关学习过程的复杂的方案。"[②] 他还说："学习策略是一步一步的程序性知识，由一套规则系统或技能构成，是学习术或学习技能的组合。"刘东与刘儒德的解释似乎让我们初步了解了学习策略的内涵。但是，学习策略常常与元认知、认知策略、自我调节等等学习术语与概念相重叠，很难加以区分。此外，对学习策略内涵的认识大致还有这样一些观点：学习程序说（学习策略就是学习的规则、能力或技能）、学习计划说（学习策略就是对学习的规划）、学习过程说（学习过程及其对学习过程的调节）等。图1-1所示的学习策略的特征框架，可以初步反映出学习策略的一些内涵。

---

① 刘东. 对学习策略与策略型学习者的几点认识 [J]. 辽宁师专学报，2006（6）：92-93.
② 刘儒德. 论学习策略的实质 [J]. 心理科学，1997，21（2）：179-181.

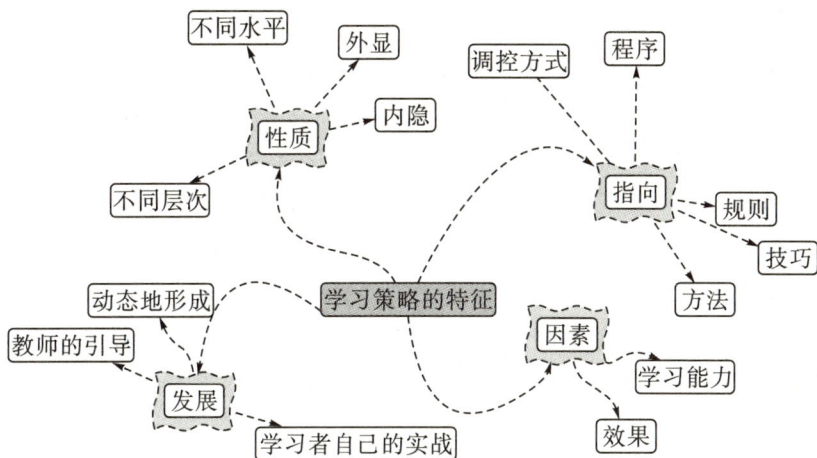

图 1-1　学习策略的特征框架

总之，不论是把学习策略当成学习的程序与步骤，或看成学习的规则、能力、技能，还是学习计划、学习过程，都是从不同视角去理解的，都能或多或少地反映学习策略的本质。

（二）学习策略的特点

一是主动性。学习策略的形成可能会借助外在力量、外来的智慧，但学习策略的运用过程，是学习者的主体意识、自主意识实现的过程。任何人在学习过程中，都会进行任务分析，都会基于自身的学习特点与经验，制订相适宜的学习计划（不一定是书面的，可能是潜意识的），接下来会践行计划。这一系列的过程，就是学习策略运用的过程，都是学习者主动完成的。

二是差异性。不仅仅是学习策略，任何一种策略的应用都会有一定的差异性。如性别差异、职业差异、文化差异、地域差异。因为这些差异的存在，人们使用的策略自然不同。对学习策略而言，在使用上有三种差异。其一，学习策略在优生与差生之间有差异。毋庸置疑，优生有更加丰富的策略系统，会更加频繁地使用不同的学习策略，会在使用的过程中优化自己的学习策略。国外也有研究表明，学优生比普通学生会更频繁地使用某些学习策略，如组织和转换、自我奖惩、寻求帮助及复习记录。其二，学习策略在性别上有差异。学习策略的性别差异，不在于男生的策略系统优于女生，或者女生的策略系统优于男生，而在于男女生在策略使用上的倾向不尽相同。不少研究者认为，男生善于使用认知策略，而女生更善于使用调节策略。其三，学习策略的学段差异。周国韬等人的研究揭示小学高年级到初中三年级学生使用认知策略的频率有减弱的趋势。董奇等人指出，随着年级的增长，小学四年级到高中一年级学生在学习的自我监控行为上都有不同程度的发展和提高。[①]

三是有效性。使用学习策略一般有两个目的：减轻学习负担或提高学习效率。这是就学习过程或学习结果而言的。但当学习者发现，通过某一学习策略没有减轻学习负担或提高学习效率时，学习者就会调整学习策略，或更换新的学习策略。因而，学习策略的使用也是有效率的。

四是程序性。学习策略总是形成于学习阈境之中，与学习过程紧密联系，它让学习者理清学习的主线：做什么、先做什么、如何去做、做到什么程度、达到什么效果，等等。

学习策略的一般特点如图 1-2 所示。

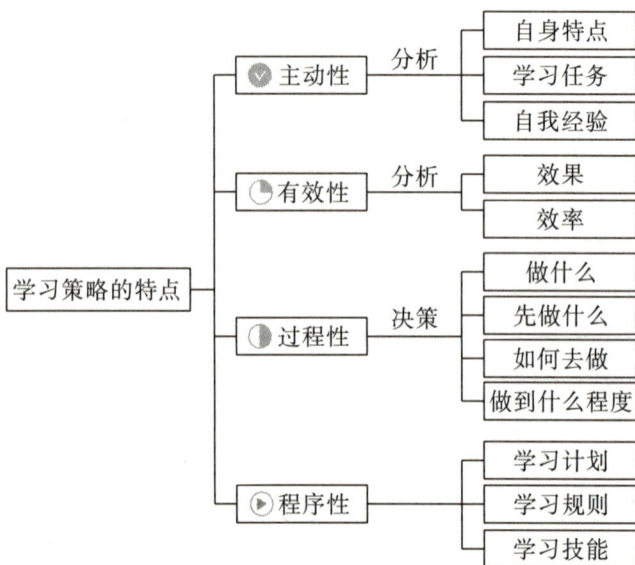

图 1-2　学习策略的一般特点

二、学习策略的类型

（一）传统的学习策略

学习策略有多种分类方式，分类的视角不同，会构建不同的结构模型。在国际上有两种分类方式达成了共识，被大家公认：

----

① 张向葵，等. 中学生学习策略应用特点的研究 [J]. 心理与行为研究，2003 (2)：110-115.

其一，从学习策略作用的角度分类。该分类方式的代表人物是学者丹塞路（Dansereau）。丹塞路认为，一个人的学习策略一般有两种：基础性策略和支持性策略。这两种策略在学习过程中的作用不相同。其中，基础性学习策略，是指直接操作材料的各种学习策略。如概念建立的策略（概念定义、对概念内涵的认识等）、构建图式的策略（新旧知识的联系、知识框架的构建等）、语言表达的策略（口头语言、书面语言，以及大脑中形成的语言系统）、实际应用的策略……而支持性学习策略，主要指帮助学习者维持适当认知氛围，以保证基础性策略有效操作的策略。如预习、复习、笔记、阅读、计划、监控的策略，等等。丹塞路的学习策略分类方式对学生学习策略的培养有一定的指导价值。

其二，从学习策略涵盖成分的角度分类。该分类的代表人物是迈克卡（McKeachie）。迈克卡等人认为，学习策略是一个非常复杂的系统，其中涵盖许多策略成分（如图1-3所示）。图1-3所示，认知策略有三个维度，即复述策略（如重复、抄写、画线等）、精细加工策略（如想象、口述、总结、类比等）、组织策略（如选择要点、列提纲、画地图等）；元认知策略有三个维度，即计划策略（如设置目标、问题设计）、监控策略（如自我检查、集中注意）、调节策略（如调查阅读速度、重新阅读、复查等）；资源管理策略也有四个维度，即时间监督（如建立时间表、设置目标等）、学习环境管理（如寻找固定地点、环境适应等）、努力管理（如调整心境、自我谈话、自我强化等）、其他人的支持（如寻求教师帮助、小组学习等）。

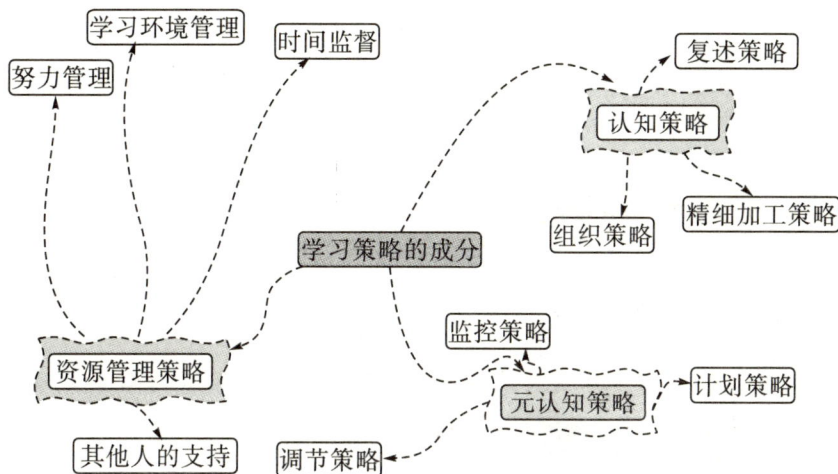

图1-3　学习策略涵盖成分的框架

此外，还有其他的一些分类方式（如图1—4所示）。

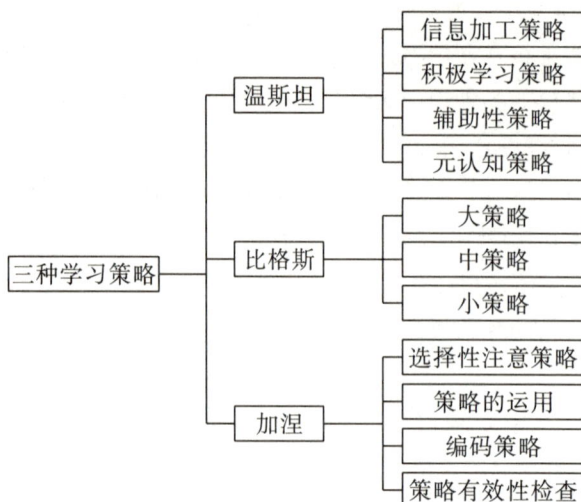

图1—4　三种学习策略框架

（二）信息化视阈下的学习策略

有研究者根据布卢姆认知、情感和动作技能的教育目标分类方法，认为基于数字化环境下的学习策略可以分为认知型策略、情感型策略和动作技能型策略（如图1—5所示）。

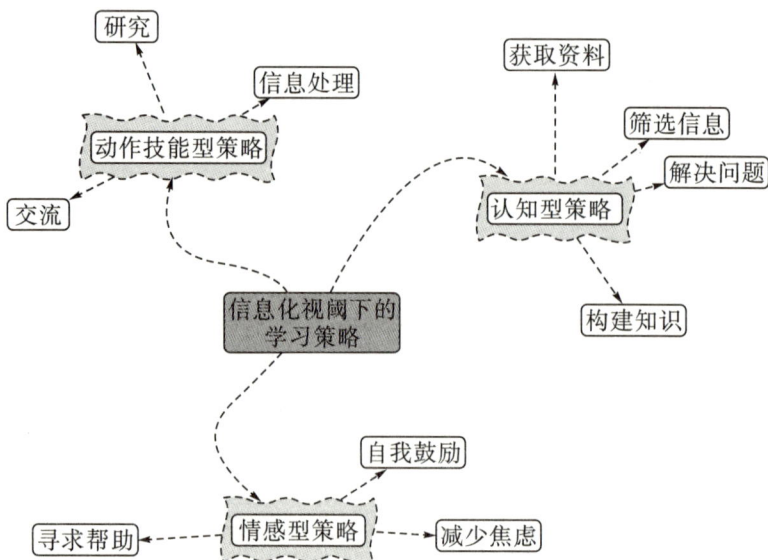

图1—5　信息化视阈下的学习策略框架

认知型策略。它是偏重于认知技能的一种策略，强调学习过程中的思维、调整、计划与监控。一般认为，认知型策略包括认知策略和元认知策略。在信息化视阈下，我们可以将认知策略分为发现策略、组织策略、问题解决策略和自主学习策略。元认知策略是对认知的认知策略，包括计划策略、监视策略和调节策略。

情感型策略。情感型策略是指学习者用来规范和管理情绪、情感等的方法。在信息化视阈下，因为相对缺少沟通和指导，学习者的情绪、学习动力可能会受到不同程度的影响，因此，情感型策略的作用不亚于认知型策略。情感型策略一般分为合作策略、焦虑控制策略和激励策略。

动作技能型策略。学生在网络环境下的活动行为可以概括为两大类：交流和研究。动作技能型策略包括交流策略、信息处理策略、研究策略。同时，信息处理策略又包括信息搜索、评价、发布等策略。

多种传统的学习策略与信息化视阈下的学习策略相比较而言各有其特点。传统的学习策略更加注重学生的认知、信息的加工、知识的掌握。而信息化视阈下的学习策略，在强调学生解决问题、构建知识的同时，也注重学生的情感因素与学生动作技能的发展，相对而言是更人性化的学习策略。

三、学习策略对学生的意义

学习策略对学生的意义虽然是显而易见的，但它对学生的学习以及对学生发展的影响到底有多大，作用的方向尚未明朗化。沈建明认为学习策略有三大作用[1]，笔者将之概括为三句话：提高学习效率、学习创新、与信息化学习相适应。其一，学习策略是能提高学习效率的。笔者认为，学习策略最直接的指向是减轻负担与提高效率。这两者都需要学习策略的支持，高效率地掌握知识、培养学习的技能、构建知识网络，等等。其二，学习策略的使用与优化过程就是学习创新的过程。所谓的创新，即要求个体具备求异思维的能力。而学习策略是学习者在学习活动中有效学习的规则、方法、技巧及其调控。它既可以是内隐的规则系统，也可以是外显的程序和步骤。因此，学习者学习、掌握进而生成自己的学习策略，从某种意义上讲就是创新。其三，在知识爆炸的时代，在大数据时代，终身学习成为一个人生存与发展的必然。而终身学习绝不是死板的学习，而是有策略的、高效的学习。即使是学生的课堂学习，也应当

---

① 沈建民. 课堂教学设计要关注并渗透学习策略［J］. 课程·教材·教法，2002（3）：33—36.

是大容量、高节奏的，这就要求学生要掌握一定的学习策略，能在有限的时间内学习、掌握并生成可让其终身受用的科学、高效的学习策略，进而学会学习，以奠定其可持续发展的基础。

研究者杜丽娟等认为，学习策略的作用在于强调学生在学习过程中的主体作用，强调学生在学习中的主体意识。因为学习策略的最基本的特征是主动性，学习策略的使用必须以学生自主觉醒为前提。学习策略的使用绝不是外加的、被动的状态，而是学生在真正进入学习境域后，使用学习策略来实现对学习过程的调控，主动构建知识。可以说，使学生运用学习策略进行学习，才真正实现了"把学习交给了学生"的教育理念。[①]

四、影响学习策略形成的因素

学习策略是如何形成的、需要哪些形成条件？有研究者认为，学习策略形成的条件是多方面、多层次的。如图1-6所示，学习策略的形成有六个基本的条件：认知心理学（明确是什么、为什么、怎么样）、动态调整、评判能力、教师引导、管理理论（规则、方法、技巧、程序等）。

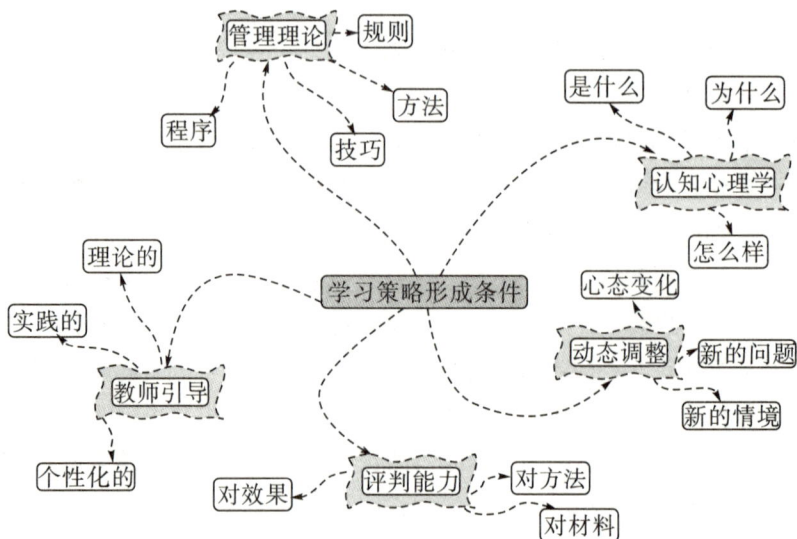

图1-6　学习策略形成的条件

① 杜丽娟，徐健. 关于学生物理学习策略的研究［J］. 长春师范学院学报，2006（06）：117-119.

认知心理学。学习是主动的过程，是一种高级的心理过程，如记忆、推理、信息加工、语言、问题解决、决策和创造性活动等。在学习过程中有三个基本的关注点：是什么、为什么、怎么样。不少研究者比较强调认知过程中的信息加工。他们认为，学习不是学习者被动接受的过程，而是学习者主动地进行信息加工的过程。在这个过程中，既是大脑对信息的加工，又是对加工过程的监控。如何对信息加工，如何提取信息、处理信息，如何把新的信息与已有信息进行整合，如何有效地提取信息等，仅仅依靠教师的传授是不能很好地完成的，而需要学生自动地投入学习策略来完成。就学习策略的本质而言，由于学习策略是一种策略性知识，它储存在长时记忆中，包括信息加工流程所有环节使用的方法和技术，如注意、复述、精细加工、组织编码等。其中，复述、精细加工和组织编码是对信息进行的直接加工，在加工过程中使用的方法和技术等属于认知策略；而对信息加工的控制过程则控制着信息的流程，监视与指导着个体认知过程的进行，属于自我监控策略。由此可知，学习策略既参与信息加工又对其进行控制。学习策略参与信息加工，主要是指其中的认知策略（主要是指个体对认知过程进行的选择、识记与组织）直接参与信息加工过程，并影响信息加工的效果。学习策略对信息加工进行控制，主要是指自我监控策略对个体认知过程的监视、管理和指导。

管理理论。学习策略的使用过程，首先依赖于学习者的学习经验，在此基础上，学习者要进行学习任务与学习情境分析，然后形成适合自己的、与自己的经验相匹配的学习计划。学习策略不是几种学习方法的简单组合，学习过程是动态变化的，学习情境包括心理情境也在发生变化。因此，学习策略的作用过程也是一种学习的管理过程，在学习的过程中需要对学习的程序、规则、方法、技巧进行运用和调控。

评判能力。无论一个人的学习计划制订得多么完美，在计划具体的实施过程中总会动态地变化，学习策略也会随之改变。如果一个人只知道按照既定的学习计划进行学习，那么他的学习效果一定会打折扣。学习策略什么时候变化，如何变化？这就要求学习者对学习材料、学习要求、学习效果进行动态的评判。

教师引导。学习策略涉及一系列具体的学习技能，涵括了学习者能否依据一定的要求和实际情况的发展灵活地采用一定的方式来解决问题的能力。很多时候，学习者不能靠自己的摸索来完成，需要教师的引导，甚至需要教师的个性化设计。

动态调整。由于学习策略的制定涉及一系列因素，因此，一种学习策略总是具体的、特定的、条件性的，会因学习任务、学习环境和学习者的不同而发挥不同的作用，运用的时候，一定要因事、因情境、因人而定。

五、物理学习策略

学习策略是一个大概念，物理学习策略是一个小概念，物理学习策略遵循学习策略的一切规律。当然，物理学科有其自身的特点，在学习策略上有一些个性化的特征。有研究者根据物理陈述性知识学习的一般条件认为，促进物理知识技能学习的策略主要包括以下几个方面：复述策略、精加工策略和组织策略。复述策略是在工作记忆中，为了保持信息而对信息进行反复重复的过程；精加工策略是一种深加工策略，是指人们为了更好地记住所学的东西而对学习材料作充实意义的添加、构建和生发；组织策略实质上是一种编码过程，只不过它比编码更复杂、层次更高，是对信息进行的更深度的加工。

研究者叶宁认为，初中阶段物理学习策略主要包括三个策略序列：一是在认知活动中促进新的物理概念、规律形成和掌握的，以分析和概括为主的认知策略——分析－概括策略；二是使学生能更好地观察和实验，有效地提高学生观察、实验能力的科学方法——观察－实验策略；三是使学生能正确运用物理知识解决实际问题，培养学生问题解决能力的智慧技能——应用－解题策略。下面分别介绍每一策略序列及相应的具体的策略要素、方法、技能等[1]。叶宁老师的研究较为系统，虽然其研究的是初中阶段物理学习的策略，但其价值是较大的。笔者把它整理成框架图之后，其脉络更为清晰（如图1－7所示）。

---

① 叶宁. 初中物理学习策略体系的构建及应用 [J]. 教育科学研究，2001（08）：37－41.

初中物理学习策略
├─ 分析—概括策略
│   ├─ 认知感知阶段
│   │   ├─ 集中注意策略
│   │   ├─ 学习定向策略
│   │   └─ 收集信息策略
│   ├─ 分析加工阶段
│   │   ├─ 识别理解的策略
│   │   └─ 分析加工的策略
│   ├─ 组织概括阶段
│   │   ├─ 组织概括的思维策略
│   │   └─ 构建物理模型的策略
│   ├─ 理解内容阶段
│   │   ├─ 理解记忆的策略
│   │   └─ 运用消化的策略
│   └─ 回顾检查阶段
│   ├─ 评价反馈，及时补救
│   └─ 自我监控
├─ 观察—实验策略
│   ├─ 观察的策略
│   │   ├─ 准备阶段
│   │   │   ├─ 动员
│   │   │   ├─ 计划
│   │   │   └─ 方法选择
│   │   ├─ 观察阶段性
│   │   │   ├─ 制度计划
│   │   │   │   ├─ 目的
│   │   │   │   ├─ 种类
│   │   │   │   └─ 方法
│   │   │   ├─ 实施观察
│   │   │   │   ├─ 静态观察
│   │   │   │   ├─ 动态观察
│   │   │   │   ├─ 观察过程的特征
│   │   │   │   ├─ 观察结束的特征
│   │   │   │   └─ 分析比较，发现异同
│   │   │   └─ 获取信息
│   │   │   ├─ 考虑综合效果
│   │   │   └─ 记录信息
│   │   └─ 分析阶段
│   │   ├─ 分析加工
│   │   │   ├─ 比较、分析、概括
│   │   │   ├─ 突出本质、抓住规律
│   │   │   └─ 观察的多种特征
│   │   └─ 检查总结
│   │   ├─ 回顾观察过程
│   │   └─ 观察的多种特征
│   └─ 实验的策略
│   ├─ 准备实验
│   │   ├─ 动员决断
│   │   └─ 策划组织
│   ├─ 实验操作
│   │   ├─ 调控
│   │   └─ 观察
│   └─ 分析检验
│   ├─ 分析整合
│   │   ├─ 处理数据
│   │   └─ 整合数据
│   └─ 检查评价
└─ 应用—解题策略
    ├─ 理解题意
    │   ├─ 卷入问题
    │   ├─ 审题
    │   └─ 表征问题
    └─ 解答问题
        ├─ 组织与决策
        │   ├─ 激活认知图式、构建整体意义、形成物理模型
        │   └─ 应用钥匙模型
        └─ 解题的思维策略
            ├─ 顺推策略　从已知、可知到欲知
            ├─ 逆推策略　从欲知、需知到已知
            └─ 顺逆双推策略

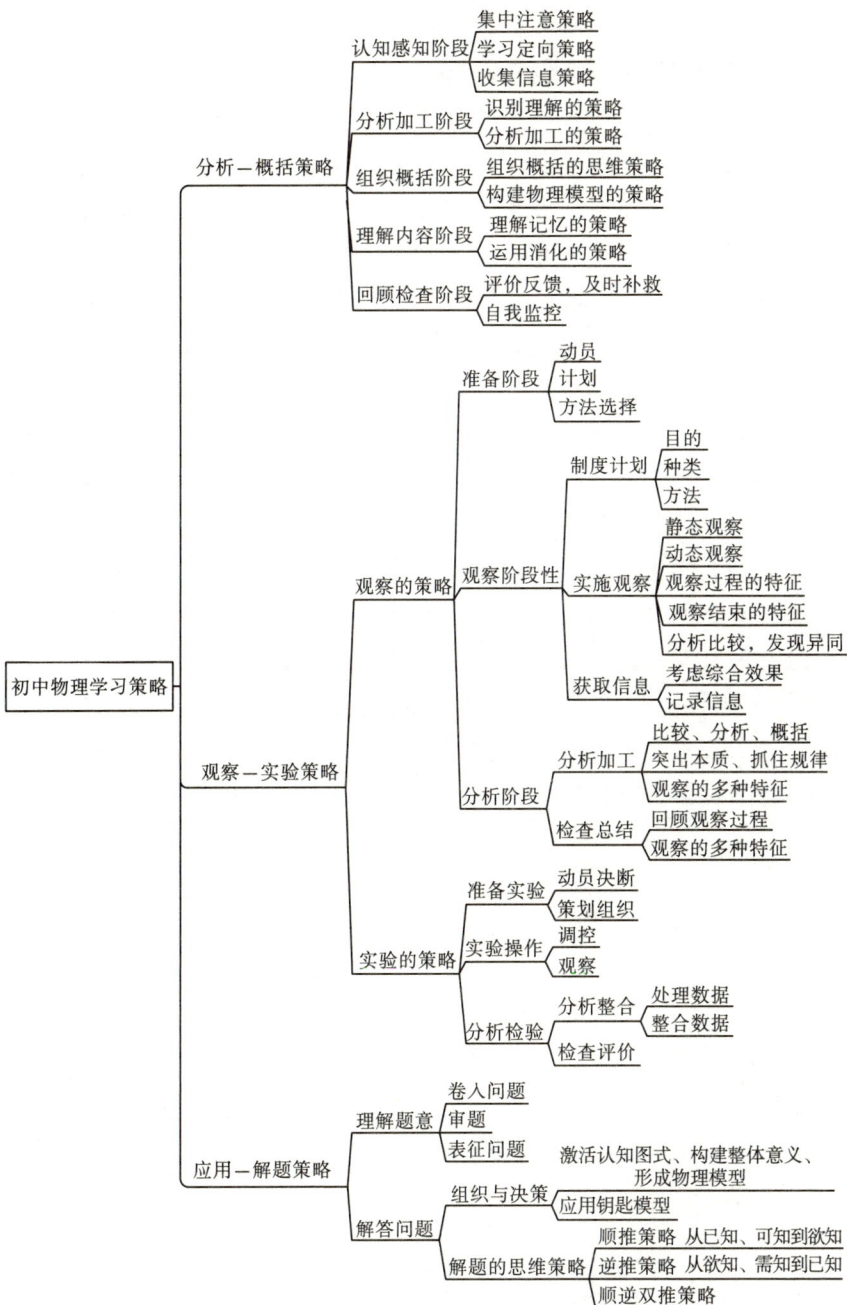

图 1-7　初中物理学习策略结构图

六、物理学习策略的培养

有效地进行物理学习策略培养的另一重要条件是要把学习过程用语言表述出来。这种表述在教学中有两方面的作用：一是把策略性学习构造转化为语言的知识体系方可传授，二是诱导学生回顾叙述自己学习中的思维才能指导、纠正错误。学习过程中的思维是内隐的，要用语言表述出来需要较高的元认知能力，因此教师要将元认知能力作为一项教学的基本功予以训练和提高。[①]

杜丽娟等认为，适当向学生传授基本的学习方法是非常重要的。对于物理学习来讲，基本的学习方法应包括良好的学习习惯以及科学的思维和方法。良好的学习习惯的养成要靠自身的努力，比如上课认真听讲、认真做作业、勤学好问等。而科学的思维及方法，则要靠教师的指导和训练。比如如何观察物理现象、如何进行实验操作、物理解题的基本思路和格式等，这都需要教师的训练；物理学中的思维方法，如判断、类比、演绎、归纳等，物理学的研究方法，如假说—实验—理论；物理学特有的解决问题的方法，如理想化模型、等效法、图像法等，这些思维方式和研究方法不是学生一朝一夕就能理解和掌握的，需要教师在教学中有意识地渗透这些方法的教育和培养，并把它们作为教学的一个主要内容进行教学。[②]

① 孙祝，孙彦，李海，等. 物理学习策略浅论 [J]. 教育理论与实践，2006 (02)：50—52.
② 杜丽娟，徐健. 关于学生物理学习策略的研究 [J]. 长春师范学院学报，2006 (06)：117—119.

第二章 学习策略研究前沿分析

一、引言

《教育辞典》将学习策略定义为"学习者在学习过程中积极操纵信息加工，提高学习效率的任何活动"。关于学习策略的构成主要有两种观点：一种认为学习策略的主要成分是认知策略和元认知；另一种认为学习策略主要由学习方法、学习调控和元认知组成。[①]

更多的实践者认为，学习策略主要指学习方法。学习方法是学习中编码、贮存、提取、处理信息的方法或技能。心理学家更认同学习策略主要指元认知的观点。弗拉维尔（Flevell）赋予元认知的含义是对认知的认知。它包括三方面的内容：一是元认知知识，即主体关于自己或他人的认知活动、过程、结果和认知策略方面的知识；二是元认知体验，即伴随认知活动而产生的认知体验或情感体验；三是元认知监控，即主体对自己认知活动进行积极的监察、调节和控制，包括制订计划、实际控制、检查结果、采取补救措施。

加涅（Gagne）指出："学习过程是受某些内部执行的控制过程所修改和调节的。这些内部定向的技能叫做认知策略。"认知策略和元认知对学习过程都有控制功能。前者主要作用于学习的认知，具体地说是对信息获取、贮存及应用方法选用的控制；元认知则是基于认知过程的认知，是对包括认知策略在内的整个学习过程的监察、调节、控制。

蒯超英认为，"学习策略是学生在学习过程中，根据所要学习的内容的特点和自己的实际情况，为实现学习目标而使用的策略"[②]。具体地讲就是学生在学习的过程中，要针对具体的学习内容、自己的学习基础和智力特点来选择

---

　① 孙祝，孙彦，李海，等. 物理学习策略浅论［J］. 教育理论与实践，2006（02）：50−52.
　② 蒯超英. 学习策略［M］. 武汉：湖北教育出版社，1999：20.

学习的方法（即对"怎样学"进行抉择），同时还要在学习的过程中根据学习的效果和自己的感受及时调整学习的方法和步骤（对学习的目标要有所把握），以达到最高的学习效率和最佳的学习效果。①

对于物理学习策略，首先要考察物理学习内容。笔者比较赞同杜丽娟等人的观点。他们认为，物理的学习内容包括物理知识与知识体系、物理观念与方法、物理应用与技能三大方面。其中物理知识是学生进行物理学习的直接对象，是学习的核心内容，学生就是在物理知识的学习过程中，逐步建立完整的知识体系，形成物理观念，掌握物理的科学方法，并应用这些知识去解决实际的物理问题和形成一定的物理技能的。物理的学习策略就是在具体的物理学习过程中，学生根据具体的学习内容、自身的学习特点和要实现的学习目标而采取的策略。物理知识的学习过程大致分为三个阶段：物理现象的学习、物理概念和规律的学习以及物理问题解决的学习。不同阶段的知识具有不同的特点，因此学生在学习过程中应具有的学习策略也不尽相同。②杜丽娟等人强调，物理学习策略主要有三种：物理现象的学习策略、物理概念和规律的学习策略、解决问题的学习策略。研究者对三种学习策略进行了操作性解释。

对于物理现象的学习策略，他们认为，根据物理现象的特点及学习的目标，在物理现象的学习中，学生的学习策略应该包括以下几点：（1）要明确观察和实验的对象及目的，要理解实验的原理，即知道"做什么"和"为什么这样做"；（2）要掌握基本的观察和实验的方法，熟悉实验和观察步骤、会正确使用仪器、会设计表格并记录数据等，即知道"怎样做"；（3）能利用阅读和听讲等方式来学习物理现象，以弥补观察和实验造成的感知不足，并能够实现有文字和语言表述的抽象信息与具体的物理现象和过程的转换；（4）学会对物理现象学习过程进行总结和反思。

对于物理概念和规律的学习策略，他们认为，（1）要知道物理概念和物理规律建立的事实基础和物理意义，比如"电场强度"是反映电场强弱的物理量；"功"是力在位移上的积累，是一个过程量等。（2）要熟练掌握概念和规律的结构组成或数学表达式，这是学习物理的关键。（3）要理解概念的内涵和外延，要知道规律成立的条件及适用范围。理解概念的内涵和外延，能帮助学

---

① 杜丽娟，徐健. 关于学生物理学习策略的研究［J］. 长春师范学院学报，2006（06）：117-119.

② 杜丽娟，徐健. 关于学生物理学习策略的研究［J］. 长春师范学院学报，2006（06）：117-119.

生理解概念的本质，并能将它与一些相近概念加以区别；知道规律的适用范围和成立条件才能帮助学生正确使用规律来解决问题。（4）逐步掌握建立物理概念和规律时必需的科学思维方法，如归纳、类比、演绎、推理等。同时还要掌握物理学中的一些特有的研究方法，如等效法、理想模型、控制变量法等。（5）在解决实际物理问题的过程中，对概念和规律的掌握程度进行评价和反馈，并审视自己的概念和规律的学习过程，及时对不恰当的思维方式和学习方法进行调整。

对于解决问题的学习策略，他们认为，（1）要知道物理问题解决的基本过程，即读审（将文字信息转换为物理模型和相应的物理量）—建构（构建物理过程）—求解（使用物理规律进行数学求解）—验讨（对求解结果的验证、讨论）。（2）要知道对解决问题进行思考的基本思路：顺推法和逆推法。无论使用哪种方法，在思考时，应特别注意分析物理过程中的特定情景（如只有重力做功、系统不受外力作用等），这对于我们正确选择物理规律有很大的帮助。（3）要掌握一些问题解决的特定模式。比如判断感应电流的方向的方法、分析向心力的来源等。（4）在解决问题的过程中，要学会对解决过程的审视和判断，对每一个问题解决的过程都要进行反思，理清思路，想一想还有没有更好的解决方案等。

由此可见，一些研究者对物理学习策略的研究不仅深入，而且研究出了可供参考或可操作的研究成果。那么，物理学习策略的整体情况如何？有哪些研究热点？有哪些可供参考的文献？有待深入研究的点有哪些？回应这些问题，是本章研究的取向与目的。

二、数据采集

笔者通过中国知网（CNKI）对"物理学习策略"研究的现状做了文献分析。中国知网知识资源总库，提供 CNKI 源数据库、外文类、工业类、农业类、医药卫生类、经济类和教育类多种数据库。其中综合性数据库为中国期刊全文数据库、中国博士学位论文数据库、中国优秀硕士学位论文全文数据库、中国重要报纸全文数据库和中国重要会议论文全文数据库。每个数据库都提供初级检索、高级检索和专业检索三种检索功能。本次数据的采集为初级检索，以"物理学习策略"为主题，全方位搜索期刊文献、中国博士学位论文、中国优秀硕士学位论文。页面呈现 1557 条搜索结果，文献发表年度为 1987 年至2017 年，时间跨度为 30 年。经过精心挑选，获得与"物理学习策略"相关性较高的论文 153 篇，删除部分如会议信息之类的文章之后，最后获得 148 篇文献。笔者重点对这 148 篇文献进行解读与分析。

三、文献分析

（一）文献的时空特征

1. 文献的时间特征

图 2-1 为"物理学习策略"主题下的文献发表年度趋势图。为了提高趋势图的可视性，图中时间段设置为 1994 年至 2017 年（1994 年前发表的相关文献很少）。趋势图显示，在统计的时间段内，文献的变化量呈递增趋势。相对而言，2007 年至 2017 年的 10 年时间内，文献量较大，增长速度较为平稳。说明"物理学习策略"的研究在近 10 年处于良好状态。

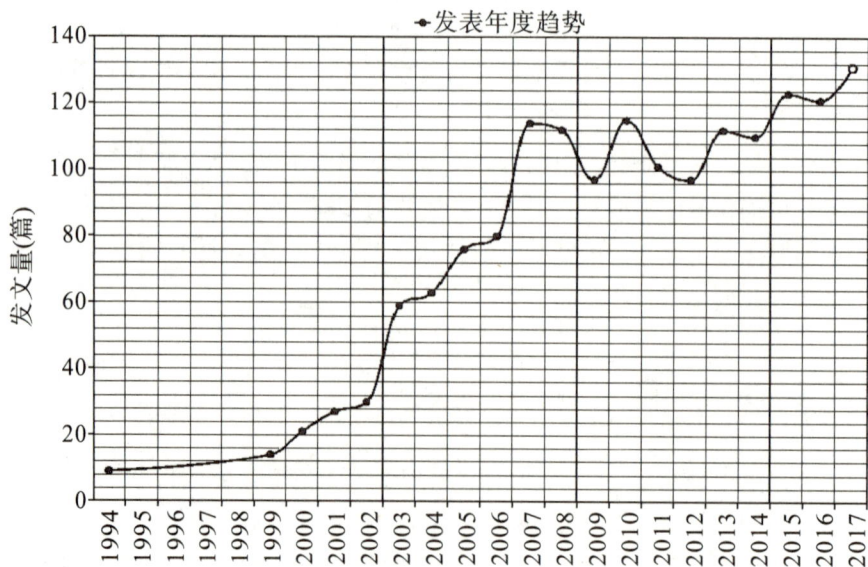

图 2-1　文献发表年度趋势图

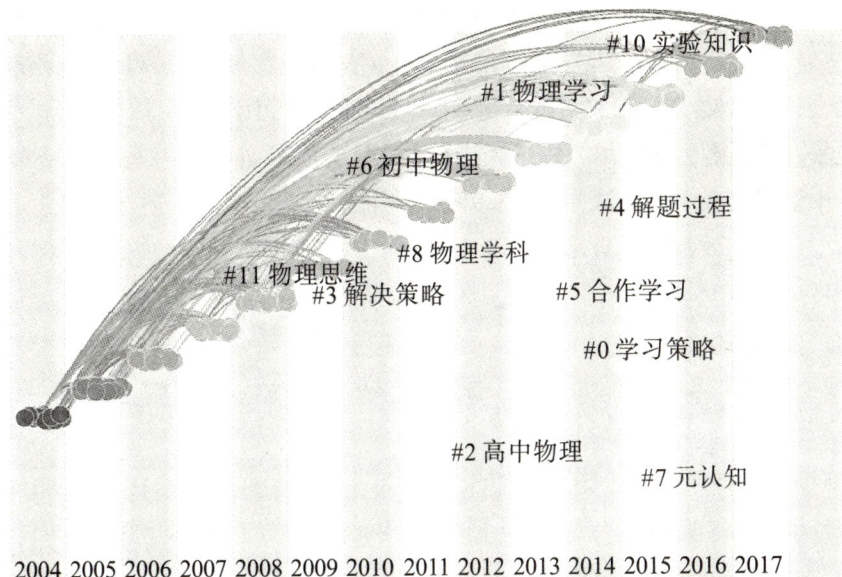

图 2-2　文献关键词聚类时区图

图 2-2 为"物理学习策略"关键词聚类时区图。时区视图是由一系列表示时区的条形区域组成的，时区按时间顺序从左向右排列，因而研究前沿指向知识基础。时区图可以清晰地展现研究内容随时间变化的演变趋势以及演化特征，通过对关键节点的观察和分析，再结合时间分布可以更好地揭示研究内容与时间变化的对应关系。按时间顺序对图 2-2 进行解读，可将 2004—2017 年间的物理学习策略的研究分为初期、中期和后期三个时期。初期（2004—2007年），在这个时期有一些零散的研究，文献的被引、共被引的量少，研究热点不聚焦，因而没有形成一定的聚类点；中期（2007—2013 年），这个时期的研究意旨物理学科的思维、问题解决的策略等；后期（2014—2017 年），这个时期研究的视角有了拓展，从学习方式和元认知等的角度去讨论物理学习策略。

2. 文献的空间特征

图 2-3 为文献来源视图。从图中的连线来看，连线较少，说明文献来源单位联结不够紧密。表 2-1 为文献来源视图的主要参数，网络结点数量代表关键词的数量，连线的多少反映网络关联的紧密程度；网络模块化度（Modularity）是网络模块化的评价指标，取值范围为［0，1］，取值越大，表示网络聚类越好；平均相似度（Mean Silhouette）代表聚类后集群内的同质性

大小，取值范围为［-1，1］，取值越接近1，反映聚类成员的同质性越高。[①]
从表2-1可以看出，网络节点数量为77，网络连线数量为13，反映网络联结
不紧密。77个结点，代表文献来源于77个单位。其中，来源于中等专业学校
的成果5篇，教育局成果1篇，高校及研究机构成果38篇，中学研究成果33
篇。中学研究成果占总成果的42.9%，这个比例是可观的。遗憾的是没有发
现高校与基础教育合作研究的成果。

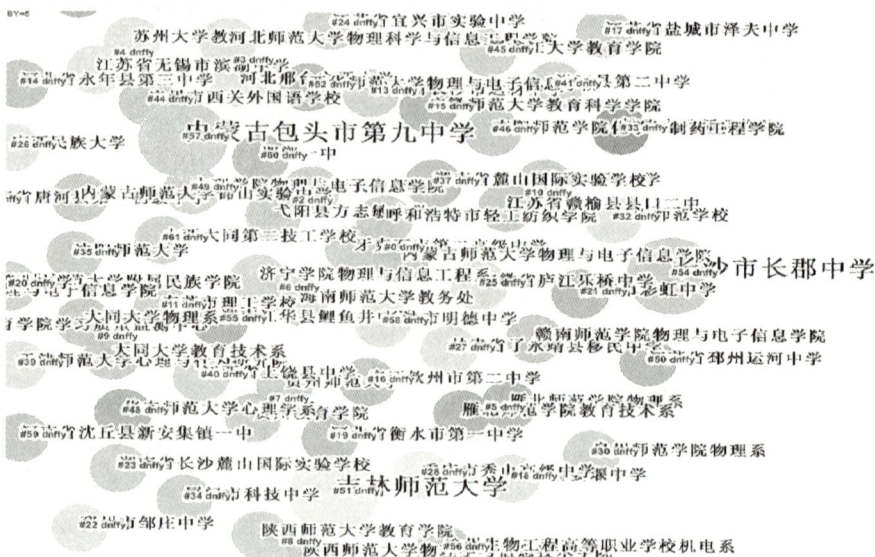

图2-3 文献来源视图

表2-1 文献来源视图主要参数

网络节点数量 （N）	网络连线数量 （E）	网络密度 （Density）	网络模块化度 （Modularity）	平均相似度 （Mean Silhouette）
77	13	0.0044	0.9349	0.1746

（二）高被引文献统计分析

表2-2所示，被引量在5次以上的高被引文献有22篇。其中，排在第一
位的文章是《高中物理学习策略及其教学对策浅探》，下载量为508次，被引
量为29次；排在第二位的文章是《高中物理学习策略的培养研究》，是一篇硕

① 李杰，陈超美. CiteSpace：科技文本挖掘及可视化［M］. 北京：首都经济贸易大学出版社，2016：150.

士论文，其下载量为 984 次，被引量为 17 次；排在第三位的文章是《优、差生物理学习策略研究》，下载量为 123 次，被引量为 16 次。由此可见，被引量并不一定与下载量成正比。也就是说，一篇文章的下载量大，并不能说明它的被引量就大。一般说来，下载量反映下载者对该主题的关注程度，被引量反映使用者对该文章的认可程度。前者说明选题的重要性，后者说明一篇文章观点的重要性。从发表的时间来看，这些文献主要产生于 2001 年至 2008 年、2010 年、2013 年。2006 年发表的文献最多，有 5 篇。从数据库来看，有期刊文献 9 篇、硕士论文 13 篇。说明硕士研究生比较喜欢探讨"物理学习策略"这个话题。

表 2－2　物理学习策略高被引文献

编号	题名	作者	来源	发表时间	数据库	被引	下载
1	高中物理学习策略及其教学对策浅探	沈建民	教育科学研究	2002 年	期刊	29	508
2	高中物理学习策略的培养研究	鲁世明	苏州大学	2010 年	硕士	17	984
3	优、差生物理学习策略研究	李耀俊	教育实践与研究	2001 年	期刊	16	123
4	新课程理念下的物理学习策略	韩艳华	吉林师范大学学报（自然科学版）	2004 年	期刊	16	233
5	初二学生物理学习中成就动机、学习策略与学习成绩关系的研究	王晓平等	中国健康心理学杂志	2007 年	期刊	14	504
6	高中物理学习策略研究	袁顺东	曲阜师范大学	2003 年	硕士	13	1096
7	初中物理学习策略体系的构建及应用	叶宁	教育科学研究	2001 年	期刊	13	211
8	物理学习策略浅论	孙祝等	教育理论与实践	2006 年	期刊	12	443
9	高中物理概念规律探究学习策略研究	李辉	辽宁师范大学	2007 年	硕士	11	592
10	试论学习策略及其在中学物理教学中的作用	葛明贵等	教育实践与研究	2005 年	期刊	11	151
11	初二学生物理学习中成就动机、学习策略与学习成绩关系的研究	王晓平	东北师范大学	2004 年	硕士	10	618

编号	题名	作者	来源	发表时间	数据库	被引	下载
12	中学生物理学习策略及其与认知风格关系的研究	丁晓峰	河南大学	2005年	硕士	10	588
13	高中物理学习策略与教学实践研究	刘向上	湖南师范大学	2006年	硕士	9	622
14	高中物理学习策略的研究和实施	黄政	华东师范大学	2007年	硕士	9	628
15	高一物理概念学习策略研究	侯文燕	河北师范大学	2006年	硕士	9	414
16	高中物理自主学习策略的探究	于秀丽	哈尔滨师范大学	2013年	硕士	9	500
17	新课程背景下高中物理学习策略的研究	关华丽	苏州大学	2008年	硕士	7	445
18	高中物理学习策略的研究	陈红飞	华中师范大学	2005年	硕士	6	419
19	初中生物理学习策略的掌握现状与特征分析	刘电芝等	教育科学研究	2013年	期刊	6	352
20	关于学生物理学习策略的研究	杜丽娟等	长春师范学院学报	2006年	期刊	6	159
21	中学物理学习策略的研究	周彬	华中师范大学	2006年	硕士	5	572
22	掌握中学物理学习策略的研究	石建新	华中师范大学	2003年	硕士	5	427

（三）研究作者合作情况分布

图2-4为物理学习策略研究文献合作视图，视图的主要参数见表2-3。从网络节点数量与连线数量来看，显然连线较少；其网络模块化度较高，但平均相似度偏低。总的说来，该图可以较好地反映物理学习策略研究领域内学者间的合作共研情况。图中每个节点的大小（文字的大小）代表作者的发文量，节点越大表示作者的产量越高，而连线的粗细则表示作者之间合作次数的多少，如果两位作者或者两位以上作者共同完成一篇论文，那么他们之间就会形成一次共现关联，进而形成连线。因图中连线较少，笔者确定物理学习策略研

究领域的研究者以独立为主，很少形成合作关系。尽管单独研究仍然能够保证研究有足够的影响力，但是不得不说，多人共研的研究团队对于推进研究内容的不断深化，打破学科间的壁垒具有不可替代的作用。

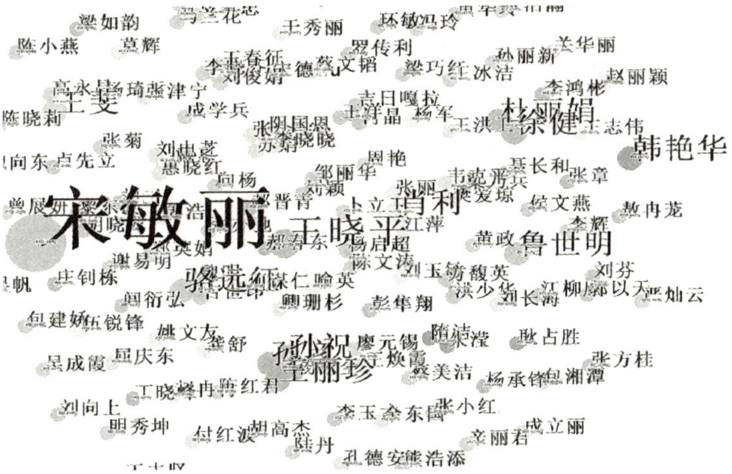

图 2—4　文献合作视图

表 2—3　物理学习策略研究视图主要参数

网络节点数量 （N）	网络连线数量 （E）	网络密度 （Density）	网络模块化度 （Modularity）	平均相似度 （Mean Silhouette）
156	48	0.004	0.9334	0.1626

（四）关键词分析

1. 文献热点分析

关键词是论文核心观点的浓缩，是值得信赖的反映文献内容的指标。关键词间的共现显示研究主题之间的亲疏关系，而关键词的反复多次出现则代表该领域特定时期内的研究热点。基于词频分析和共现分析的基本原理，从文献信息中提取关键词或主题词，可以客观反映该领域的发展动向和研究热点。

文章的关键词是文章核心内容的提炼，是文章主题的高度概括和凝练。对特定领域研究热点的内容分析，有助于研究者获知该领域过去的关注点、现在的热点以及未来的研究趋势。对关键词的共现分析作为内容分析的基本方法之一，能够通过数据挖掘技术得到较为客观可信的研究趋势。[①] 在某一领域的文

----

① 郭树行，谈斯奇. 关键词共现研究趋势分析［J］. 科技资讯，2011（32）：204—205.

献里，反复出现的关键词就是该领域的研究热点，并且从文献关键词共现分析出的突显性、中心性、频度等，可以探究出这一具体研究领域的热点前沿问题。图 2—5 所示的是关键词图谱，即文献研究热点视图，视图的主要参数见表 2—4。从图 2—5 中可以看出重要的共现关键词，如学习策略、高中物理、物理学习、合作学习等。关键词的频度可以探究出这一具体学科领域的热点前沿问题。

图 2—5　文献研究热点视图

表 2—4　物理学习策略研究视图主要参数

网络节点数量（N）	网络连线数量（E）	网络密度（Density）	网络模块化度（Modularity）	平均相似度（Mean Silhouette）
276	734	0.0193	0.7539	0.8028

图 2—5 中每个节点代表一个关键词，不同的节点颜色，代表节点所从属的不同聚类。从图中可以发现，在聚类♯1、聚类♯2、聚类♯3、聚类♯4 和聚类♯5 中，出现了深色外圈较大的节点，它们是中介中心性比较高的文献，这类文献的出现通常会对该领域的研究起到转折的作用。在图谱中的这些节点称作关键节点，关键节点文献的意义在于该类文献一般是提出重大理论创新和新理论的经典文献，同时通过梳理该领域的关键节点文献，可以演绎出该研究领域的核心理论的演进过程。

表 2-5 是关键词的中心性分析表。表中列出了较为前沿的 40 个关键词，其中学习方法为 Burst 点，说明"学习方法"是学习策略最核心的思想。

表 2-5 关键词中心性分析

Burst	Centrality	Sigma	PageRank	Keyword	Year
	0.74	1	0	学习策略	2001
	0.59	1	0	物理学习	2001
	0.39	1	0	高中物理	2002
3.3	0.37	2.85	0	学习方法	2005
	0.13	1	0	元认知	2003
	0.13	1	0	物理现象	2005
	0.09	1	0	中学生	2004
	0.09	1	0	解决策略	2008
	0.08	1	0	合作学习	2008
	0.08	1	0	物理教学	2003
	0.08	1	0	学习方法	2005
	0.08	1	0	认知障碍	2008
	0.06	1	0	转化策略	2003
	0.06	1	0	物理规律	2001
	0.06	1	0	前概念	2006
	0.05	1	0	初中物理	2005
	0.05	1	0	应对策略	2008
	0.05	1	0	解题过程	2005
	0.05	1	0	小组合作学习	2007
	0.05	1	0	认知结构	2007
	0.04	1	0	成就动机	2004
	0.03	1	0	学习动机	2004
	0.03	1	0	学习过程	2005
	0.02	1	0	自主学习	2003
	0.02	1	0	认知策略	2001
	0.02	1	0	物理思维	2006

Burst	Centrality	Sigma	PageRank	Keyword	Year
	0.02	1	0	思维导图	2007
	0.02	1	0	消除策略	2005
	0.02	1	0	实验研究	2003
	0.01	1	0	物理学习策略	2003
	0.01	1	0	自学能力	2003
	0.01	1	0	探究学习	2006
	0.01	1	0	学习兴趣	2007
	0.01	1	0	建构主义	2003
	0.01	1	0	影响因素	2014
	0.01	1	0	性别差异	2014
	0.01	1	0	自我效能感	2016
	0.01	1	0	学习能力	2001
	0.01	1	0	概念图	2008
	0.01	1	0	物理学习兴趣	2006

2. 文献聚类分析

根据聚类算法生成的图谱中有 21 个聚类。根据聚类图笔者编制了表 2—6，即共被引文献的主要聚类信息。其中，"ClusterID"为聚类后编号，编号在图中显示为♯0、♯1 等，其聚类的规模越大，编号则越小；"Size"代表的是聚类中所含成员的数量，在文献共被引图谱中表示所含文献的数量；"Silhouette"为衡量整个聚类成员同质性的指标，该数值越大，则代表该聚类成员的相似性越高；"Mean Year"代表该聚类中文献的平均年份，能够用来判断聚类中引用文献的远近；Label（LLR）代表对数似然算法，其他两种算法为加权算法（IF * DF）、互信息算法（MI）。通过 TF * IDF 权重提取的聚类术语更多地代表了聚类中最显著的特征（salient aspect of cluster），LLR 和 MI 算法提取的研究术语更倾向于表示聚类中独特的方面（unique aspect of a cluster）①。本研究采用 Label（LLR）对数似然算法，其他两种方法被隐去。

---

① 陈超美. 转折点 [M]. 陈悦，等译. 北京：科学出版社，2015：164.

表 2-6　物理学习策略文献聚类结果

ClusterID	Size	Silhouette	Mean（Year）	Label（LLR）
0	41	0.825	2007	学习策略；成就动机；初中生
1	35	0.871	2008	物理学习；前概念；高中生
2	32	0.844	2009	高中物理；小组合作；设计策略
3	22	0.954	2007	元认知；物理规律；认知策略
4	21	0.821	2007	中学生；转化策略；学习动机
5	21	0.809	2007	初中物理
6	20	0.858	2008	合作学习；物理教学；中学物理
7	20	0.892	2006	解题过程；学习方法；发散思维
8	18	0.897	2008	物理学科；实验活动；问题情景
9	11	0.909	2010	解决策略；高一；物理学习焦虑
10	9	0.997	2015	被测电阻；细微差别；联想学习
11	8	0.976	2013	实验知识；实验类型；参考框架
12	6	0.985	2010	物理思维；物理思维障碍
13	4	1	2007	物理学；兴趣的作用；元认识
14	3	1	2016	自主学习；学习质效；图式理论
15	3	1	2015	类别学习策略；分类策略倾向
16	3	1	2005	知识迁移；物理模型；建模能力
17	3	1	2013	异质分组；教学案；教学模式
18	3	1	2000	物理教学策略；基本特征
19	2	1	2013	师范教育；分组实验；合作学习
20	2	1	2013	物理成绩；学习策略
21	2	1	2012	激励性评价；自我效能感；归因

　　从上表可以看出，在研究领域的参考文献中，最大的聚类（♯0）共包含41篇文献，在图2-5中表现为41个节点，该41篇参考文献被认为是这个聚类即研究前沿主题的研究基础，产生的热词为学习策略、成就动机、初中生。第二大聚类（♯1）共包含35篇文献，在参考文献网络聚类图谱中共有35个节点，这35篇参考文献被认为是该研究前沿主题的研究基础，产生的热词为物理学习、前概念、高中生。第三大聚类（♯2）共有32篇文献，产生的热词为高中物理、小组合作、设计策略。其他聚类以此类推。

四、结语

本章对物理学习策略文献的时空、研究者及其合作网络、期刊、文献和关键词层面进行了分析，为研究者大致勾勒了物理学习策略相关研究的现状，同时为我国该领域的研究提供了合作依据和有参考性的研究方向。研究发现：各研究热点不够聚焦，没有形成较为明显的合作研究网络，没有搜索到较大的研究亮点或突破点，对学习策略的指导性研究还不够，等等。

第三章 物理学习策略调查量表的选择

一、引言

调查量表的制订与检验是一项复杂的工作，它包含大量的技术性问题。一个好量表的制订往往要经历一个漫长的过程，要经过若干次测试、检验、修订，最后才能形成较为成熟的调查问卷量表。

学习策略的调查较为复杂。西方的心理学家在学习策略方面的探索较早，对学习策略评估的研究有了较为成熟的经验，已探索出一些应用良好、适用性强、有较高研究价值和实践价值的学习策略测评工具，如学习策略测验、元认知测验、学习方式问卷、监控策略问卷等。

表3-1 学习策略测评量表举例

编号	问卷名称	研制者	适用范围
1	学习方式问卷	伏马特（1957）	测评大学生的学习方式
2	标准化学习策略量表	温斯坦（1978）	测评学生的学习方法和学习策略
3	学习动机策略问卷	宾特利奇（1987）	测评学生的自主学习能力
4	学习监控策略问卷	得荣、克鲁福（1991）	测评中学生自我监控学习策略
5	元认知测量问卷	奥尼尔（1996）	测评学生的元认知能力

表3-1列举了一些学习策略测评量表。这些量表较为成熟，在国际上被广泛应用。

伏马特（Vermunt）"学习方式问卷"适用于测量大学生的学习方式。该量表由两个部分组成：其一，有关"学习活动"的内容（55个题目）；其二，有关"学习动机"和"学习观点"的内容（65个题目）。研究者通过因素分析，从120个题目中抽取了4个主因素：学习内容的加工过程（深层方法、表层方法和精确方法）、学习监控（自我监控、外部监控和缺乏监控）、学习定向

（资格指导、职业指导、自测指导、个人兴趣和其他）、学习观念（知识的吸收、知识的构建、知识的运用、激励教育、合作）。这 4 个主因素包括 16 个子因素，每一个子因素又包含数量不等的题目，总量有 120 个题目。[1]

温斯坦（Weinstein）的"标准化学习策略量表（LASSI）"主要有两大功能：其一，诊断和评价学生现有的学习策略水平，为干预和训练学习策略不良的学生提供依据；其二，用于测查学生参与学习策略训练前后的水平，并对这类训练计划与课程的有效性做出评估。该量表一共有 4 个维度：信息加工策略、动机信念策略、辅助性策略、元认知策略。在此基础上，温斯坦编制了 10 个分量表（含 77 个自陈式项目）：态度量表、动机量表、时间管理量表、焦虑量表、注意集中量表、信息加工量表、获取主要信息量表、助学策略量表、自我测试量表、考试策略量表。[2] 温斯坦的"标准化学习策略量表（LASSI）"是目前国际公认的最为科学、最为合理的学习方式与学习策略测评量表。

宾特利奇（Pintrich）等人编制的"学习动机策略问卷（MSLQ）"，适用于测量学生的自主学习能力，有大学版和中学版之分。"大学版"由"动机"和"学习策略"两部分组成。其中，动机部分有 6 个子项目（目标定向、外部目标定向、任务价值信念、控制学习的信念、自我效能信念、情绪成分），学习策略部分有 3 个子项目（认知策略、元认知策略、资源管理策略）。"大学版"一共由 2 个一级项目、9 个二级项目、81 个题目组成。"中学版"由 2 个一级项目（动机性信念和自主学习策略）、5 个二级项目（动机性信念——自我效能感、内在价值、考试焦虑、自主学习策略——认知学习策略和自我调节）、44 个题目组成。[3] 宾特利奇的学习动机策略问卷也是目前国际上较为主流的测评工具。

得荣（DeJone）和克鲁福（Kluvers）编制的"监控策略问卷（IRS）"由两部分组成。其中，第一部分是"中学生在学习中必须面对和处理的问题"，即定向、计划、监控、考试、指导、学习时间估计、评价、寻求帮助和动机；第二部分是"中学生日常学习中经常要完成的一些学习活动"，即课文分段、概括主要内容、归纳中心思想等。该问卷的第一部分有 82 个项目，第二部分

---

① 李山，余欣欣. 初中生自我概念、自我监控学习行为、学习策略对学习成绩的影响 [J]. 宁波大学学报（教育科学版），2002（3）：18－22.

② 胡桂英，许百华. 中学生学习自我效能感、学习策略与学业成就的关系 [J]. 浙江大学学报（理学版），2003（4）：477－480.

③ 刘电芝. 问卷调查表的编制方法与技术 [J]. 教育学术月刊，1995（2）：47－50.

有 24 种学习活动，全套问卷共有 106 个项目。该问卷把所有的项目问题化或情景化，非常接近学生的日常生活，因而能客观真实地反映中学生在学习时的监控策略水平。经检验，该问卷具有较高的内部一致性系数和复测信度系数，使用时比较稳定可靠。[①]

奥尼尔（O'Neil）等人编制的"元认知测量问卷"，主要是测查学生的元认知能力。该问卷分为计划、监视、认知策略、自我意识 4 个分量表，每个分量表包含 5 个题目，共有 20 个题目。[②]

国内的研究者对学习策略的测评也做了大量的探索性工作，取得了不小的研究成果，形成了一批有影响力、适用性强、操作性强的学习策略评价量表（见表 3-2）。

表 3-2　国内通用的学习策略测评量表

编号	问卷名称	研制者	适用范围
1	中小学生学习自我监控量表	董奇、周勇（1994）	测评中小学生学习自我监控能力
2	元认知问卷	汪玲、郭德俊等（2002）	测评学生元认知能力
3	小学数学学习策略量表	刘电芝（2005）	测评小学数学学习策略
4	中学生学习策略量表	张林、张向葵（2006）	测评中学生学习策略
5	高中生学习策略	曹立人、陈艳（2006）	测评高中生学习

董奇、周勇编制的"中小学生学习自我监控量表"由 8 个一级项目组成：计划性、准备性、意识性、方法性（一般方法、预习、听课及理解、课后练习、复习）、执行性、反馈性、补救性、总结性。该量表一共有 70 个子项目。[③]

汪玲、郭德俊等人编制的"元认知问卷"由 3 个部分组成：元认知知识（学习者知识、关于任务的知识、关于策略的知识）、元认知体验（初期体验、中期体验、后期体验）、元认知技能（计划、监测、调整）。该问卷由 3 个一级项目、9 个二级项目、105 个题目组成。[④]

① 张亚玲，杨善禄. 中学生的学习动机与学习策略的研究 [J]. 心理发展与教育，1999（4）：35-39.

② 蒋京川，刘华山. 中学生成就目标定向与学习策略、学业成绩的关系研究 [J]. 心理发展与教育，2005（2）：168-170.

③ 辛涛，李茵，王雨晴. 年级、学业成绩与学习策略关系的研究 [J]. 心理发展与教育，1998：（4）：42-45.

④ 周国韬，张平，等. 初中生在方程学习中学习能力感、学习策略与学业成就关系的研究 [J]. 心理科学，1997（4）：324-328.

刘电芝研制的"小学数学学习策略量表"包括数学认知策略（概念策略、计算策略、解题策略和几何策略）、数学元认知策略（计划策略、监控调节策略、评价反思和策略意识）。[①]

张林、张向葵编制的"中学生学习策略量表"，有 3 个一级指标：认知策略、元认知策略和资源管理策略。其中，认知策略有 3 个二级指标，即复述策略、精加工策略和组织策略；元认知策略有 3 个二级指标，即计划策略、监控策略和调节策略；资源管理策略有 4 个二级指标，即时间管理策略、环境管理策略、努力管理策略和支持寻求策略。[②]

曹立人、陈艳研制出的"高中生学习策略"分为 3 个层次。其顶层为"主导性"和"辅助性"策略群；中间为学习态度调整、学习行为管理、学习方法运用、学习环境适应、课外活动调控 5 个策略亚群；底层为良好的学习心态、积极合理规划学习生活、预习和复习总结、营造学习的人际环境、劳逸结合、丰富课余生活等 19 个策略子群。[③]

要特别说明的是，物理学业情绪（含物理课堂情绪、物理作业情绪）的调节是学生学习中重要的策略。但本书第三章、第四章的内容已经很庞大，且这两章调查问卷的量表也比较成熟。所以，笔者把学生物理学业情绪调查问卷放在第五章与第六章进行研究。

二、研究方法

（一）测验工具

本研究使用温斯坦"中学生学习策略量表中学版（LASSI-HS）"，量表内容见附件 1。LASSI-HS 采用多维度多级评分方法，共包括 10 个分量表，分别是态度、动机、时间管理、焦虑、专心、信息加工、选择要点、学习辅助、自我测试、考试。[④] 该量表稳定性好，具有较高的信度与效度。该量表采用李克特五级量表计分法，分别是非常不符合、不符合、有点符合、较符

---

① 万晶晶，郑晓边，等. 初中生理科课程学习动机与学习策略研究 [C]. 第九届全国心理学学术会议文摘选集，2001.

② 董亚男. 影响学生学业成绩因素的质性研究 [D]. 西北师范大学，2002.

③ 孟琦. 课堂信息化教学有效性研究 [D]. 华东师范大学，2006.

④ 潘颖秋，刘善循，龚志宇. 北京地区中学生学习策略水平的调查研究 [J]. 心理科学，2000（06）：694-698；766.

合、非常符合，分别记分为1、2、3、4、5分。各分量表的题项分配见附件2。只是LASSI-HS调查问卷是通识性的问卷，并非只适用于物理学习。因此，笔者对该问卷做了适度的改编，使之成为中学物理学习策略的调查问卷量表。

（二）实施

某区内两所高完中校，共5个年级（从八年级到高三年级）。其中，八年级有397人，九年级有403人，高一年级有410人，高二年级有395人，高三年级有408人。本研究以两校为研究对象，调查样本总人数为2013人。

本研究采用SPSS 19.0进行数据处理。

三、量表信度检验

（一）问卷在其他地区检验的信度

表3-3为问卷在北京地区测试的内部一致性系数。[①] 数据显示，该问卷具有较好的内部一致性。

表3-3 问卷在北京地区测试的内部一致性系数

态度	动机	时间管理	焦虑	专心	信息加工	选择要点	学习辅助	自我测试	考试	总分
0.5776	0.6913	0.5619	0.7965	0.7778	0.7648	0.6625	0.6432	0.5228	0.6810	0.9166

表3-4为问卷在广州地区测试的Alpha系数。数据显示，该问卷具有较好的内部一致性。

表3-4 问卷在广州地区测试的Alpha系数

态度	动机	时间管理	焦虑	专心	信息加工	选择要点	学习辅助	自我测试	考试	总量表
0.7131	0.7037	0.7379	0.7958	0.8428	0.8156	0.7078	0.7202	0.6987	0.7489	0.9516

---

① 潘颖秋，刘善循，龚志宇. 北京地区中学生学习策略水平的调查研究 [J]. 心理科学，2000（06）：694-698；766.

（二）本次调查问卷的信度分析

本研究对本调查问卷的信度检验使用了两项指标：Cronbadch Alpha 系数、各分量表项目与各分量表总分之间的相关系数。Cronbadch Alpha 系数是我们经常用到的一个信度指标，它指的是某一个维度内，不同题项间的一致程度，在编制问卷或者做探索性因素分析时，我们通常会报告 Alpha 系数来表明我们的问卷的可靠程度或者结构效度。表 3－5 所列的是本次问卷测试得出的 Cronbadch Alpha 系数，总分的系数为 0.962，系数的大小非常理想。各分量表项目的 Alpha 系数除"自我测试"接近 0.7 以外，其他项目的系数均在 0.7 以上。该系数在 0.7 以上就是较为理想的。

表 3－5　问卷在成都某中学测试的 Cronbadch Alpha 系数

态度	动机	时间管理	焦虑	专心	信息加工	选择要点	学习辅助	自我测试	考试	总分
0.769	0.714	0.738	0.799	0.836	0.820	0.699	0.714	0.698	0.751	0.962

表 3－6 所列的是分量表项目与各分量表总分之间的相关系数，以此检验各分项目的信度。从表中可以看出，各分项目在各题项上都是显著的。

表 3－6　各分量表项目与各分量表总分之间的相关系数

态度	a5	a14	a18	a29	a37	a44	a50	a68
	0.703**	0.675**	0.678**	0.708**	0.804**	0.757**	0.744**	0.446**
动机	a10	a13	a16	a28	a33	a40	a48	a55
	0.666**	0.617**	0.611**	0.631**	0.742**	0.669**	0.606**	0.672**
时间管理	a3	a22	a41	a47	a57	a65	a73	
	0.553**	0.761**	0.725**	0.724**	0.501**	0.718**	0.693**	
焦虑	a1	a9	a25	a31	a35	a53	a56	a62
	0.557**	0.717**	0.687**	0.735**	0.531**	0.681**	0.709**	0.698**
专心	a6	a11	a38	a42	a45	a54	a60	a67
	0.512**	0.387**	0.746**	0.760**	0.779**	0.792**	0.757**	0.584**
信息加工	a12	a15	a23	a32	a39	a46	a66	a75
	0.683**	0.716**	0.771**	0.719**	0.770**	0.846**	0.752**	0.640**
选择要点	a2	a8	a59	a71	a76			
	0.656**	0.651**	0.685**	0.694**	0.709**			

态度	a5	a14	a18	a29	a37	a44	a50	a68
	0.703**	0.675**	0.678**	0.708**	0.804**	0.757**	0.744**	0.446**
学习辅助	a7	a19	a24	a43	a49	a52	a61	a72
	0.680**	0.704**	0.538**	0.782**	0.785**	0.750**	0.451**	0.770**
自我测试	a4	a17	a21	a26	a30	a36	a64	a69
	0.681**	0.711**	0.841**	0.816**	0.792**	0.375**	0.750**	0.703**
考试	a20	a27	a34	a51	a58	a63	a70	a74
	0.611**	0.649**	0.690**	0.704**	0.694**	0.639**	0.677**	0.685**

**表示在 0.01 水平（双侧）上显著相关。

*表示在 0.05 水平（双侧）上显著相关。

四、量表效度检验

（一）效标效度

笔者以学生的学习成绩为效标在各分量表之间做相关性检验，用相关系数考察 LASSI－HS 的效标效度。所谓效标指的是衡量测验有效性的外在标准，通常是指我们所要预测的行为。所谓效标效度，就是考查测验分数与效标的关系，看测验对我们感兴趣的行为预测得如何。因为效标效度需要有实际证据，所以又叫实证效度。可以用来作为效标的变量有很多。效标可以是连续变量（如分数），也可以是分类变量（如职业）；可以是现成的指标（如产量、薪水），也可以是人为设计的指标（如课堂测验）；可以是主观评判，也可以是客观测量。归纳起来，常见的效标主要有学业成就、等级评定、临床诊断、特殊训练成绩、实际工作表现、对团体的区分、其他测验成绩。① 本测验中的效标是学生的半期考试成绩，见表 3－7 所示，"选择要点"与"自我测试"与"学习成绩"之间不相关。其他 8 个分项目与学习成绩相关且达到了显著性水平。表明该调查问卷具有较好的效标效度。

---

① 360百科.效标效度［EB/OL］.［2017－05］. https://baike. so. com/doc/6207716－25980784. html.

表 3－7   学习成绩与其各分项目得分之间的相关系数

	态度	动机	时间管理	焦虑	专心	信息加工	选择要点	学习辅助	自我测试	考试
学习成绩	0.296**	0.392**	0.348**	0.253**	0.325**	0.192**	0.155	0.079**	0.125	0.322*

**表示在 0.01 水平（双侧）上显著相关。
*表示在 0.05 水平（双侧）上显著相关。

（二）内容效度

内容效度又称逻辑效度，是指项目对欲测的内容或行为范围取样的适当程度，即测量内容的适当性和相符性。成就测验和熟练测验特别注重这种效度。由于这种衡量效度的方法必须针对课程的目标和内容，以系统的逻辑方法详细分析题目的性能，故又称课程效度或逻辑效度。[①] 笔者用各分项目之间的相关矩阵来检验问卷的内容效度见表 3－8 所示，试卷的所有分项目之间都是显著相关的，这表明，在总体上 LASSI－HS 有着较好的内容效度。

表 3－8   各分项目之间的相关矩阵

	态度	动机	时间管理	焦虑	专心	信息加工	选择要点	学习辅助	自我测试	考试
态度	1	0.857**	0.858**	0.870**	0.670**	0.537**	0.700**	0.630**	0.596**	0.794**
动机	0.857**	1	0.788**	0.851**	0.809**	0.751**	0.735**	0.795**	0.792**	0.824**
时间管理	0.858**	0.788**	1	0.853**	0.637**	0.522**	0.699**	0.592**	0.548**	0.814**
焦虑	0.870**	0.851**	0.853**	1	0.681**	0.589**	0.803**	0.675**	0.653**	0.802**
专心	0.670**	0.809**	0.637**	0.681**	1	0.865**	0.647**	0.867**	0.825**	0.838**
信息加工	0.537**	0.751**	0.522**	0.589**	0.865**	1	0.607**	0.887**	0.892**	0.764**
选择要点	0.700**	0.735**	0.699**	0.803**	0.647**	0.607**	1	0.694**	0.655**	0.700**
学习辅助	0.630**	0.795**	0.592**	0.675**	0.867**	0.887**	0.694**	1	0.879**	0.783**
自我测试	0.596**	0.792**	0.548**	0.653**	0.825**	0.892**	0.655**	0.879**	1	0.741**
考试	0.794**	0.824**	0.814**	0.802**	0.838**	0.764**	0.700**	0.783**	0.741**	1

**表示在 0.01 水平（双侧）上显著相关。

---

① 360百科. 内容效度［EB/OL］.［2017－05］. https://baike. so. com/doc/6468036－6681731. html.

（三）结构效度

结构效度是指一个测验实际测到所要测量的理论结构和特质的程度，或者说它是指测验分数能够说明心理学理论的某种结构或特质的程度；是指实验与理论之间的一致性，即实验是否真正测量到假设（构造）的理论。结构效度的概念最初由美国心理学会（APA）、美国教育研究协会（AERA）和美国国家教育测量协会（NCME）（1954）联合委员会提出，发表于《心理测验和诊断技术的技术建议》，本意是用于当测验者所测属性没有确定的标准测量，而必须使用间接的测量来证实理论有效的时候。结构效度的出现，可以看成是自比奈发明智力测验以来，测验领域中最为显著的变化。它标志着测验和历史传统与实用传统彻底决裂，而且至今仍以显著的方式改变着测验事业。它关系到我们依据测试成绩所做的、对评价测试结果的解释是否有意义并且恰当。罗德（Lord）和诺维克（Novick）认为"测试最重要的特性在于它的结构效度"[①]。表 3-9 所示为验证性因素的拟合适配度指标，表中数据显示 RMSEA 为 0.05，P 值为 0.00，其他拟合适配度指标均在 0.9 以上，由此可见，本问卷具有较好的结构效度。

表 3-9　验证性因素的拟合适配度指标

χ^2	df	χ^2/df	GFI	$AGFI$	NFI	IFI	CFI	$RMSEA$	P
265.039	131	2.023	0.918	0.899	0.923	0.959	0.959	0.050	0.00

五、结语

中学生学习策略量表很多，有大量国外的量表，国内的研究者也做出了贡献。在本研究中，笔者选择了温斯坦"中学生学习策略量表中学版（LASSI-HS）"做测试。尽管 LASSI-HS 在国际上通用，有较好的信度和效度，但笔者仍然用多种方法对试卷做了信度和效度的检验。检验结果表明，LASSI-HS 适用于采样的学生，且笔者对量表的改编不仅没有降低问卷的信度，反而增加了总问卷的信度，在一些分项目上信度也有所提高。同时，从效度来看，无论是效标效度、内容效度，还是结构效度都有较好的统计值，由此说明本次调查问卷有统计学意义。

---

① 360百科.结构效度[EB/OL].[2017-05].https://baike.so.com/doc/6739194-6953658.html.

第四章 物理学习策略调查结果分析

在 2017 的高考中，浙江、上海两地采用了"3＋3"模式。除语、数、英 3 个主要科目外，其他 3 门为选考科目，即从思想政治、历史、地理、物理、化学、生物 6 个科目中自主选择 3 科作为考试科目。在浙江省的 29.13 万考生中，选择物理的只有将近 8 万人，占考生人数的 27％；在上海，选择物理的人数仅占 30％。也就是说，在新模式的高考之下，选择物理的人数下降了很多。不仅仅在上海和浙江，2017 年才开始实施新高考政策的北京，开学后学校的规则说明会一结束，很多家长就纷纷讨论能不能不选物理。物理对于很多学生来说属于较难学的科目，物理的规律和公式一般比较简单，但就是应用起来较难。随着这一高考政策的实施，物理不再成为理科生的必选科目。[①] 也有不少物理教师谈到，高一的学生普遍反映高中物理与初中物理相比，高中物理难得多。而且，在高一学段考试中，学生的物理成绩就拉开了差距。由此可见，高一年级是物理学习的关键时期。这一阶段的学生，可能积累学习的"后劲"，也有可能丢失学习物理的自信心。也有不少学生反映，在初中时物理成绩较好，上高中之后物理成绩变差了，物理更难学了，甚至听不懂高中物理老师讲课了。也有教师反映，高二年级是物理学习的分化期。那么，初、高中学生在学习策略上有没有差异？差异有多大？高中三个年级的学生在物理学习策略上有没有差异？差异是否显著？差异的原因是什么？本研究将通过本章对调查结果的分析，初步回答以上问题。

本次数据分析的重点放在物理学习策略的年级差异与性别差异上。

---

① 今日头条. 新高考"弃物理"成趋势，高考 6 门中你会选择物理吗？[EB/OL]. [2017－07－15]. http://www.toutiao.com/i6463706046648025614/.

一、年级差异检验

(一) 总分在年级上的差异

本研究中笔者应用一般线性模型做数据分析。一般线性模型是方差分析的推广和延伸，其作用是分析一个或多个自变量对一个或多个因变量的线性关系，其内容非常丰富，包含方差分析、重复测量方差分析、多元线性回归等等。笔者选择一般线性模型、单变量，以年级为固定因子、total 为因变量，指定模型默认为全因子，两两比较选择为年级、假定方差齐性为 LSD（L）和 S-N-K（S），单变量选项选择年级，输出选择描述统计、参数估计、对比系数矩阵、方差齐性检验，确定之后得出以下数据分析结果。

1. 描述性统计结果

表 4-1 所列的是描述性统计结果，它给出了样本均值和标准差。均值表示的是数据集中趋势的测度，在正向计分时，均值越大，说明水平越高。标准差表示的是数据离散性趋势的测度，标准差越大，说明其组成的数据越离散。在 SPSS 分析中，均值和标准差是描述性统计分析中最基本的数据。从 5 个年级（初中八、九年级，高中三个年级）的均值来看，均值从大到小的排列顺序是八年级、九年级、高二年级、高三年级、高一年级。从统计意义上来分析，高三年级的分值最小，说明高三年级学生在学习策略上自我感觉不良好。八年级、九年级的分值高于高中年级的分值，这一现象说明初中生更喜欢物理，也容易适应初中物理的学习，自我感觉在物理学习上有较好的策略。而标准差从大到小的排列顺序为高一年级、高二年级、九年级、八年级、高三年级，说明高一年级的分值更离散、高三年级的分值更集中。

表 4-1　总分在年级上的描述性统计量

因变量：total			
年级	均值	标准差	N
八年级	267.124	43.4728	243
九年级	266.011	49.3352	251
高一	229.696	69.8132	256
高二	264.654	57.0613	252
高三	259.019	42.2349	252

表 4-2 所列的是方差齐性检验结果，用来检验三组样本的方差是否存在显著性差异。方差齐性检验是对控制变量不同水平下各观测变量总体方差是否相等的检验。SPSS 单因素方差分析中，方差齐性检验采用了方差同质性（homogeneity of variance）检验方法，其原假设是：各水平下观测变量总体的方差无显著差异。表 4-2 所示，Levene 方差齐性检验的 F 统计量为 1.540，在当前自由度下对应的 P 值为 0.218。由此可以判断，三组样本所代表的总体方差是齐性的。

表 4-2 误差、方差等同性的 Levene 检验[a]

因变量：total			
F	df_1	df_2	$Sig.$
1.540	2	157	0.218
检验零假设，即在所有组中因变量的误差、方差均相等。			

a. 设计：截距＋年级。

2. 主体间效应检验

表 4-3 所列的数据为主体间效应检验的结果。"校正模型"检验整个方差分析模型，其原假设为模型中所有的因素均对 total 值无影响，所有的因素系数均等于 0。表 4-3 所示的 F 值为 5.745，$P<0.001$，因此所用的模型均有统计学意义，其中有的因素系数不等于 0。当前模型只检验了总分在年级上的差异，检验的方差齐性为小概率，假设方差齐性是不成立的，即总分在不同年级上是有显著差异的。从"截距"来看，其原假设为 $u=0$，表 4-3 所示截距的 F 值为 3013.196，$P<0.001$，检验结果出现小概率，拒绝原假设，说明模型中所有的因素均对 total 值无影响的假设是不成立的，即模型中所有因素均对 total 值有影响，且其影响是显著的。从"年级"来看，其原假设为总分在年级上没有差异，但其 F 值为 5.745，$P<0.001$。因此，主体间效应检验的结果仍然拒绝原假设，说明均值在不同年级上的差异是显著的。

表 4-3 主体间效应检验

因变量：total					
源	Ⅲ型平方和	df	均方	F	$Sig.$
校正模型	38426.186[a]	2	19213.093	5.745	0.004
截距	10077750.376	1	10077750.376	3013.196	0.000

因变量：total					
源	Ⅲ型平方和	df	均方	F	$Sig.$
年级	38426.186	2	19213.093	5.745	0.004
误差	525092.589	157	3344.539		
总计	10610574.000	160			
校正的总计	563518.775	159			

a. R 方＝0.068（调整 R 方＝0.056）。

3. 模型参数的估计

表 4-4 是模型中各参数的估计值，5 个年级对应 5 个参数。由于这些参数之间存在数量上的关联，必须加上一定的限制条件才能进行估计。表 4-4 所示，以高三年级作为参照水平，即强迫高三年级的值为 0，另外 4 个年级参数的估计值和检验结果实际上就等于该年级与高三年级相比的结果。例如，高一年级的估计值等于高一年级的总分值减去高三年级的总分值：229.696－259.019＝－29.323。但从各年级的 $Sig.$ 值来看，年级＝2（九年级）时的值小于 0.005，说明九年级的变量有显著性差异。而其他年级的 $Sig.$ 值均大于 0.005，即各变量的差异是不显著的。

表 4-4　模型参数的估计

因变量：total						
参数	B	标准误差	t	$Sig.$	95%置信区间	
					下限	上限
截距	260.361	9.460	27.523	0.000	241.675	279.048
[年级＝1]	－6.878	14.162	－0.486	0.628	－34.854	21.098
[年级＝2]	－53.509	14.450	－3.703	0.000	－82.053	－24.965
[年级＝3]	4.487	13.679	0.328	0.743	－22.533	31.508
[年级＝4]	－1.933	13.473	－0.143	0.886	－28.547	24.682
[年级＝5]	0[a]					

a. 此参数为冗余参数，将被设为零。

4. LSD 比较

LSD（Least Significant Difference）方法称为最小显著性差异法。最小显著性差异法对水平间的均值只要存在一定程度的微小差异就可能被检验出来。

所以，它利用全部观测变量值，而非仅使用某些数据。LSD 法的输出结果实际上是要求将各组均值和一个参照组进行比较。SPSS 假设每一个年级的总分都有可能成为参照，让其他组都和该参照组进行比较。表 4-5 是不同年级总分的 LSD 比较，表中给出了两个年级组之间的平均值差异、差值的标准误差、95％置信区间以及检验的 P 值。I 表示参照组，J 表示对比组。检验结果显示八年级与九年级，九年级与高一年级、高二年级、高三年级之间的总分有差异，而其他年级之间在总分上没有显著性差异。

表 4-5　不同年级总分的 LSD 比较

			因变量：total				
	(I) 年级	(J) 年级	均值差值 (I−J)	标准误差	Sig.	95％置信区间	
						下限	上限
LSD	八年级	九年级	46.631*	15.1789	0.003	16.647	76.615
		高一年级	−11.366	14.4466	0.433	−39.903	17.172
		高二年级	−4.946	14.2523	0.729	−33.100	23.208
		高三年级	−6.878	14.1623	0.628	−34.854	21.098
	九年级	八年级	−46.631*	15.1789	0.003	−76.615	−16.647
		高一年级	−57.997*	14.7287	0.000	−87.091	−28.902
		高二年级	−51.577*	14.5381	0.001	−80.295	−22.858
		高三年级	−53.509*	14.4499	0.000	−82.053	−24.965
	高一年级	八年级	11.366	14.4466	0.433	−17.172	39.903
		九年级	57.997*	14.7287	0.000	28.902	87.091
		高二年级	6.420	13.7718	0.642	−20.785	33.625
		高三年级	4.487	13.6787	0.743	−22.533	31.508
	高二年级	八年级	4.946	14.2523	0.729	−23.208	33.100
		九年级	51.577*	14.5381	0.001	22.858	80.295
		高一年级	−6.420	13.7718	0.642	−33.625	20.785
		高三年级	−1.933	13.4732	0.886	−28.547	24.682
	高三年级	八年级	6.878	14.1623	0.628	−21.098	34.854
		九年级	53.509*	14.4499	0.000	24.965	82.053
		高一年级	−4.487	13.6787	0.743	−31.508	22.533
		高二年级	1.933	13.4732	0.886	−24.682	28.547

基于观测到的均值，误差项为均值方（错误）＝3221.469。
*表示均值差值在 0.05 级别上较显著。

5. S-N-K事后多重检验

S-N-K方法是一种有效划分相似性子集的方法。该方法适合于各水平观测值个数相等的情况。首先，S-N-K方法会将各组数据按照平均值大小来排序。表4-6中数据按照高一年级、高三年级、高二年级、九年级、八年级的顺序排列，高一的总分最低（229.696），八年级的总分最高（267.124）。其次，表格中5个年级分成了2个子集，同一子集内的两组平均值两两无差别。第1子集内只有高一年级组，第2子集内有其他4个年级组。说明高二、高三、八年级、九年级在总分上没有差异，高二与其他年级在总分上有差异。

表4-6 不同年级总分的S-N-K比较

	年级	N	子集	
			1	2
Student-Newman-Keuls[a,b,c]	高一年级	256	229.696	
	高三年级	252		259.019
	高二年级	252		264.654
	九年级	251		266.011
	八年级	243		267.124
	Sig.		1.000	0.856

已显示同类子集中的组均值。
基于观测到的均值，误差项为均值方（错误）=3221.469。
a. 使用调和均值样本大小=31.611。
b. 组大小不相等，将使用组大小的调和均值，不保证I型误差级别。
c. Alpha=0.05。

（二）分项目在年级上的差异

表4-7是物理学习策略分项目的年级比较。在此，本研究进行了分段比较，初中段学生在分项目上差异较小，所以没用表格罗列。表4-7列出了高中不同年级在各分项目上的均值、标准差和P值。从这些数据可以看出，三个年级除项目"专心"之外，其他各项目在年级上都有显著性差异。

表4-7　物理学习策略分项目的年级比较

	高一年级		高二年级		高三年级		总计		P 值
	标准差	均值	标准差	均值	标准差	均值	标准差	均值	
动机	25.71	7.94	28.62	6.86	28.77	4.71	27.66	6.77	0.012
时间管理	22.27	6.93	24.92	5.48	25.45	4.19	24.17	5.81	0.028
焦虑	26.75	8.60	28.87	6.17	29.32	4.76	28.28	6.80	0.008
专心	22.41	7.50	27.08	6.64	25.87	6.15	25.06	7.05	0.107
信息加工	21.54	8.41	26.29	7.90	24.09	7.29	23.91	8.08	0.001
选择要点	16.27	5.35	18.54	3.75	17.91	3.50	17.54	4.39	0.009
学习辅助	22.07	7.75	27.54	6.82	26.28	6.11	25.22	7.29	0.020
自我测试	23.11	8.59	26.79	7.76	26.25	6.77	25.33	7.88	0.000
考试	24.04	8.00	27.52	6.42	27.04	5.31	26.14	6.84	0.030

二、性别差异检验

（一）描述性统计分析

表4-8所示，均值在95％置信区间内时，物理学习策略总分在性别上有一定的差异性。其中，男生的均值要高于女生。这一结论与图4-1所反映的是一致的（图中1表示男生、2表示女生）。从表4-8可以看出，在极小值相等时，男生的极大值高于女生。与总数比较，男生的均值在女生之上。从标准差来看，男生的标准差大于女生的标准差，说明男生的分值分布更加离散。

表4-8　物理学习策略总分在性别上的描述性统计

	total						
	均值	标准差	标准误	均值的95％置信区间		极小值	极大值
				下限	上限		
男	256.177	63.2441	7.1155	242.011	270.343	76.0	380.0
女	245.136	55.5267	6.1696	232.858	257.414	76.0	377.0
总数	250.588	59.5327	4.7065	241.292	259.883	76.0	380.0

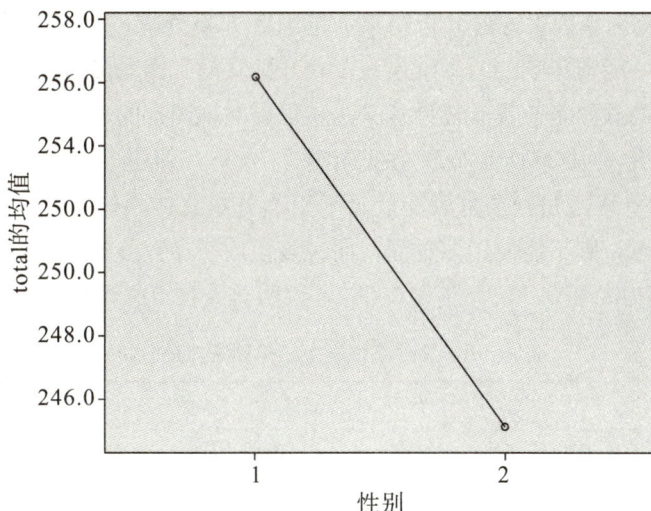

图 4-1 总分在性别上的均值图

（二）在性别上的差异性

表 4-9 是总分在性别上的 Levene 方差齐性检验。Levene 方差齐性检验也称为 Levene 检验（Levene's Test）。由莱文（H. Levene）在 1960 年提出。[1] 布朗（M. B. Brown）和福赛思（A. B. Forsythe）在 1974 年对 Levene 检验进行了扩展，[2] 使对原始数据的数据转换不但可以使用数据与算术平均数的绝对差，也可以使用数据与中位数和调整均数（trimmed mean）的绝对差。这就使得 Levene 检验的用途更加广泛。Levene 检验主要用于检验两个或两个以上样本间的方差是否齐性，要求样本为随机样本且相互独立。[3] 表 4-9 中所示的 Levene 统计量为 1.902，显著性为 0.170，说明方差是齐性的，各统计量之间没有显著性差异。

表 4-9 总分在性别上的方差齐性检验

total			
Levene 统计量	df_1	df_2	显著性
1.902	1	158	0.170

---

① LEVENE H. Robust Tests for the Equality of Variance ［M］//in Contributions to Probability and Statistics. CA：Stanford University Press，1960：278-292.

② BROWN M B. FORSYTHE A B. Robust Tests for Equality of Variances ［J］. Journal of the American Statistical Association，1974（69）：364—367.

③ 程琮，范华. Levene 方差齐性检验［J］. 中国卫生统计，2005（06）：408，420.

表4-10为单因素方差分析结果。单因素方差分析，也称一维方差分析。它检验由单一因素影响的一个（或几个相互独立的）因变量由因素各水平分组的均值之间的差异是否具有统计意义。还可以对该因素的若干水平分组中哪一组与其他各组均值间具有显著性差异进行分析，即进行均值的多重比较。One-Way ANOVA过程要求因变量属于正态分布总体。如果因变量的分布明显的是非正态，则不能使用该过程，而应该使用非参数分析过程。表4-10中所列的F值为1.379，显著性为0.242，说明总分在组间没有显著性差异。

表4-10 总分在性别上的单因素方差分析

	total				
	平方和	df	均方	F	显著性
组间	4875.750	1	4875.750	1.379	0.242
组内	558643.025	158	3535.715		
总数	563518.775	159			

（三）量表分项目在性别上的差异

表4-11所示，各分项目在总分上有一定的差异性。从均值来看，除"选择要点"项目外，各项目中男生的均值都要大于女生的均值。而从标准差来看，男生各值的离散程度均大于女生。

表4-11 各分项目在性别上的统计

		均值	标准差	标准误	均值的95%置信区间		极小值	极大值
					下限	上限		
态度	男	28.350	7.3037	0.8166	26.725	29.975	8.0	40.0
	女	27.086	6.6543	0.7394	25.615	28.558	8.0	40.0
	总数	27.714	6.9914	0.5510	26.626	28.802	8.0	40.0
动机	男	28.413	7.0310	0.7861	26.848	29.977	8.0	40.0
	女	26.914	6.4657	0.7184	25.484	28.343	8.0	40.0
	总数	27.658	6.7732	0.5338	26.604	28.713	8.0	40.0
时间管理	男	24.4625	5.95116	0.66536	23.1381	25.7869	7.00	35.00
	女	23.8889	5.69210	0.63246	22.6303	25.1475	7.00	33.00
	总数	24.1739	5.81116	0.45798	23.2694	25.0784	7.00	35.00

		均值	标准差	标准误	均值的95%置信区间		极小值	极大值
					下限	上限		
焦虑	男	28.475	7.1067	0.7946	26.893	30.057	8.0	40.0
	女	28.086	6.5177	0.7242	26.645	29.528	8.0	40.0
	总数	28.280	6.7982	0.5358	27.221	29.338	8.0	40.0
专心	男	26.200	7.2468	0.8102	24.587	27.813	8.0	40.0
	女	23.926	6.6985	0.7443	22.445	25.407	8.0	39.0
	总数	25.056	7.0474	0.5554	23.959	26.153	8.0	40.0
信息加工	男	25.050	8.6535	0.9675	23.124	26.976	8.0	40.0
	女	22.790	7.3531	0.8170	21.164	24.416	8.0	40.0
	总数	23.913	8.0804	0.6368	22.655	25.171	8.0	40.0
选择要点	男	17.325	4.4117	0.4932	16.343	18.307	5.0	25.0
	女	17.753	4.3804	0.4867	16.784	18.722	5.0	25.0
	总数	17.540	4.3875	0.3458	16.857	18.223	5.0	25.0
学习辅助	男	25.763	7.7070	0.8617	24.047	27.478	8.0	40.0
	女	24.691	6.8678	0.7631	23.173	26.210	8.0	40.0
	总数	25.224	7.2938	0.5748	24.088	26.359	8.0	40.0
自我测试	男	26.000	8.3363	0.9320	24.145	27.855	8.0	40.0
	女	24.667	7.4027	0.8225	23.030	26.304	8.0	40.0
	总数	25.329	7.8841	0.6214	24.102	26.556	8.0	40.0
考试	男	26.975	7.2889	0.8201	25.342	28.607	8.0	40.0
	女	25.333	6.3206	0.7023	23.936	26.731	8.0	40.0
	总数	26.144	6.8440	0.5411	25.075	27.212	8.0	40.0

表4-12为分项目在性别上的单因素方差分析，各分项目除在"专心"上有显著性差异以外，各项目在性别上都没有显著性差异。从表4-12来判断，男生比女生更为专心。

表 4-12 分项目上在性别上的单因素方差分析

		平方和	df	均方	F	显著性
态度	组间	64.262	1	64.262	1.317	0.253
	组内	7756.595	159	48.784		
	总数	7820.857	160			
动机	组间	90.429	1	90.429	1.983	0.161
	组内	7249.783	159	45.596		
	总数	7340.211	160			
时间管理	组间	13.243	1	13.243	0.391	0.533
	组内	5389.888	159	33.899		
	总数	5403.130	160			
焦虑	组间	6.077	1	6.077	0.131	0.718
	组内	7388.345	159	46.468		
	总数	7394.422	160			
专心	组间	208.141	1	208.141	4.277	0.040
	组内	7738.356	159	48.669		
	总数	7946.497	160			
信息加工	组间	205.551	1	205.551	3.191	0.076
	组内	10241.232	159	64.410		
	总数	10446.783	160			
选择要点	组间	7.376	1	7.376	0.382	0.538
	组内	3072.612	159	19.325		
	总数	3079.988	160			
学习辅助	组间	46.179	1	46.179	0.867	0.353
	组内	8465.771	159	53.244		
	总数	8511.950	160			
自我测试	组间	71.553	1	71.553	1.152	0.285
	组内	9874.000	159	62.101		
	总数	9945.553	160			
考试	组间	107.744	1	107.744	2.319	0.130
	组内	7339.949	158	46.455		
	总数	7447.694	159			

三、结语

高中学生物理学习策略的总分在各个年级的均值是不相同的，其中，高二年级最高，高一年级最低。而标准差从大到小的排列顺序为高一年级、高二年级、高三年级，说明高一年级的分值更离散、高三年级的分值更集中。究其原因，与高一年级学生学习物理的难度与学习方式有关。绝大多数的普通高中学生认为，初中物理学习难度较小、学习方式单一。一般说来，初中生只要认真听了物理课，就很容易理解学习内容，也容易完成课后作业。但是一旦进入高中学习，相当一部分学生往往不能很快地适应高中的学习方式。不少学生反映，在物理课堂上认真听了讲，也听懂了教师所讲的内容，但完成作业却很困难。因此高一学生在学习策略上的分值最低。而到了高二之后，学生基本适应了高中物理的学习方式，也在完成物理作业上积累了一些经验，高二物理学习策略的分值因此而升高。但学生到了高三，学习方式以大量复习和练习为主，学习压力增大，不少学生感觉力不从心。因此，高三学生学习策略的分值下降。

此外，高中物理学习策略在性别上没有差异性。

物理教师要加大高一学生学习策略的教育，给学生一些具有可操作性的建议。在高三年级，教师除了教给学生复习的一些方式以外，还要对学生做一些心理辅导，减轻学生的心理压力。

第五章 物理学业情绪量表的选择

一、引言

在与教师的座谈中，有不少教师反映，学业情绪是影响中学生物理学习的重要因素。笔者认为，让学生认识学业情绪、学会学业情绪的调节、学会学业情绪的正确表达、学会把消极的学业情绪转化为积极的学业情绪也是学习的策略，而且是重要的学习策略。因此，对学生进行学业情绪的调查研究是必要的。

学业情绪作为一种与学生的学习过程密切联系的非智力因素，对学生认知活动的开展起着重要的作用。[①]"控制－价值"理论将学业情绪定义为和学习活动、学习结果直接相联系的各种情绪，包括快乐、期望、自豪、放松、生气、焦虑、害羞、失望、厌烦等九种具体的情绪。该定义将学习过程中体验到的情绪纳入学业情绪的范畴，拓展了学业情绪的内涵，改变了以往以结果情绪（如考试焦虑）为焦点的研究范式。"控制－价值"理论提出了和学业情绪具体相关的两种评估因素：一是对于学业活动和学业结果的主观控制感（如预期学习可以一直坚持下去，则能够导向成功）；二是这些活动和结果的主观价值（如对成功重要性的感知），对控制感和价值的评估是影响学业情绪的重要因素。[②]

一般认为，学业情绪主要表现为学生对课堂的情绪（简称课堂情绪）和学生对作业的情绪（简称作业情绪）。本研究中的作业，是指由教师布置给学生的在非学校时段完成的任务，作业活动主要是自主学习。而课堂活动则包含了

---

① 赵淑媛，蔡太生，陈志坚. 大学生学业情绪及与学业成绩的关系［J］. 中国临床心理学杂志，2012（03）：398-400.

② PEKRUN R. The Control － value Theory of Achievement Emotions：Assumptions，Corollaries，and Implications for Educational Research and Practice ［J］. Educational Psychology Review，2006（18）：315-341.

教师教学、小组合作学习、个人学习以及在学校举行的考试，更加结构化并受到专业的外界调节。[①] 对物理课堂情绪和物理作业情绪的研究，其价值取向是不相同的。"物理作业情绪的研究对提高物理作业教学的有效性、促进学生的认知发展以及身心健康有着重要的意义。""通过对学生作业情绪进行研究，了解学生在作业过程中的情绪体验，了解物理学业情绪产生和变化的规律，帮助学生有效地调控物理学习过程中的情绪，不仅是提高中学生学业成就以及自我概念的有效途径，符合物理课程标准的要求，也为教师调节物理教学过程和实施有效教学提供事实依据，对培养中学生积极课堂学业情绪具有重要的现实意义。"[②] 而学生课堂情绪的研究，旨在培养学生课堂情绪的调节，以提高学生的学习效率。

此外，还有物理教师反映，学生在初中或高中阶段，学业情绪的表现和波动幅度是不相同的。高一和高二阶段学生的学习情绪波动相对较大。那么，不同学段学生物理学业情绪有没有差异？男、女生在学业情绪上有没有差异？这些差异的主要表现是什么？为此，笔者拟采用调查问卷的方式来了解中学生物理学业情绪。但学生学习情绪所涵盖的内容较多，为学生调查问卷的设计与选择增加了难度。为此，笔者决定先做文献分析，以了解学业情绪研究的方向和热点。

二、相关文献研究

笔者通过中国知网对学业情绪研究的现状做了文献分析。笔者选择一般检索，输入"中学生+学业情绪"主题词，页面呈现96条搜索结果。经过精心挑选，获得与"学业情绪"相关性较高的论文83篇。由此可见，人们对学业情绪的研究较少，相关研究成果不突出。笔者对这83篇文献做深度分析，形成图5-1所示的学业情绪图谱，该图谱反映研究者在学业情绪研究上的方向和热点。

（一）"学业情绪"研究点分析

从图5-1隐藏的数据来看，图中共有47个节点，87条连线，模块值为0.796，同质性为1。节点数代表主要关键词的个数，连线数代表节点的相关

---

① COOPER H, LINDSAY J J, NYE B, GREATHOUSE S. Relationships Among Attitudes about Homework, Amount of Homework Assigned and Completed, and Student Achievement [J]. Journal of Educational Psychology, 1998, 90 (1): 70—83.

② 周详. 中学物理作业情绪的实证研究 [D]. 陕西师范大学, 2015.

程度。模块值的取值范围为 [0, 1]，依据网络结构和聚类清晰度的要求，模块值越接近 1 越好。一般说来，模块值大于 0.3 时，划分出来的图谱结构显著；同质值的取值范围为 [-1, 1]，当同质性大于 0.5 时，聚类被认为是合理的。因此，图 5-1 所代表的学业情绪具有较高的可信度。从图谱形式看，图中字号大小反映关键词的中心地位，图的形状反映聚类的相对性。从后台数据可以查出：本图谱共有 8 个聚类，但连线较少，图形分散。说明没有形成以"学业情绪"为核的研究网络。

从图谱的内容来看，有四个大类值得关注。第一，有关初中生的作业情绪研究。家庭作业管理、作业心理负担、数学作业、家庭作业质量等是这个聚类的研究热点；第二，从学业成就、情绪调节策略、教师期望、课堂情绪等角度对作业情绪进行的研究；第三，对家庭作业的研究，包括父母对作业的管理；第四，从心理学的角度对作业情绪的研究，研究热词有作业疲劳、心理应激、自主神经系统等。这四个大类，反映了已有文献的研究方向。同时，图中反映的学业情绪是一个笼统的概念，更多地反映在作业情绪上。说明研究者对作业情绪研究较多，对课堂情绪研究较少。

图 5-1　学业情绪关键词图谱

(二) 关键词聚类分析

从表 5-1 的关键词聚类分析来看，研究文献有 7 个聚类的同质性

（Silhouette）较高，这些聚类有分析价值。ClusterID 为聚类后编号，编号在图中标示为♯0、♯1、♯2 等符号，聚类的规模越大，则编号就越小；"Size"代表的是聚类中成员的数量，本研究中表示共被引图谱中所包含文献的数量；"Silhouette"为衡量整个聚类成员同质性的指标，该数值越大，则代表该聚类成员的相似性越高；"Mean Year"代表聚类中文献的平均年份，能够用来判断聚类中引用文献历史的远近；Label（LLR）为对数似然算法，是形成聚类的算法。此外，还有加权算法（IF ∗ DF）和互信息算法（MI）。通过"TF ∗ IDF"加权算法提取的聚类术语更多地代表了聚类中最显著的特征（salient aspect of cluster）；通过 LLR 和 MI 算法提取的研究术语更倾向于表示聚类中独特的方面（unique aspect of a cluster）。[①] 本书第二章的聚类运算采用的是 Label（LLR）对数似然算法，本章采用的是 TF ∗ IDF 加权算法。

表 5-1　关键词聚类分析

ClusterID	Size	Silhouette	Mean（Year）	Label（TFIDF）
0	14	1	2013	（11.63）初中生；（10.85）数学；（9.42）数学控制感；（8.94）家庭作业；（8.93）家庭作业管理
1	9	1	2015	（10.86）学业成就；（9.85）自我概念；（9.85）课堂情绪；（8.93）小学生；（7.13）作业情绪
2	7	1	2012	（9.42）心理弹性训练；（9.42）课堂调节；（9.42）心理健康；（9.42）自主神经系统；（9.42）作业疲劳
3	4	1	2012	（7.63）物理学业情绪；（7.63）相关性；（7.63）中学生；（7.63）物理学业成绩；（5.98）成绩
4	4	1	2014	（11.14）作业策略；（7.63）作业策略辅导；（7.63）作业策略问卷；（7.63）作业筐
5	3	1	2013	（6.71）家庭作业；（6.71）父母家庭作业卷入；（5.26）家庭作业情绪；（5.26）家庭作业努力；（4.4）作业情绪
6	3	1	2004	（6.71）情绪教育；（6.71）初一学生；（6.71）情绪稳定性
7	3	1	2010	（6.71）英语学业情绪；（6.71）高中生；（6.71）英语学习自我效能感

---

① 陈超美. 转折点［M］. 陈悦，等译. 北京：科学出版社，2015：164.

表5-1中，0♯聚类是最大的聚类，Size 值为 14，TF＊IDF 加权算法得出 5 个关键词：初中生、数学、数学控制感、家庭作业、家庭作业管理。说明"学业情绪"更多的研究点在初中和数学，"作业情绪"更多地研究了家庭作业，且偏向于研究家庭作业的管理。

1♯聚类是第二大聚类，Size 值为 9，TF＊IDF 加权算法得出 5 个关键词：学业成就、自我概念、课堂情绪、小学生、作业情绪。说明第二大聚类的研究以课堂情绪为主，研究点主要在小学，对作业情绪的研究也有涉及。

2♯聚类是第三大聚类，Size 值为 7，TF＊IDF 加权算法得出 5 个关键词：心理弹性训练、课堂调节、心理健康、自主神经系统、作业疲劳。该聚类研究了作业中的问题，主要从心理学的角度做研究。

其他的聚类以此类推。由这些聚类可以看出已有文献的研究热点和研究方向。

（三）关键词中心性分析

关键词中心性分析是关键词聚类分析的深入。表 5-2 中 Burst 值为零，说明分析的文献整体没有爆破性词汇，关键词突发强度为零；中心性大于 0.01 以上的词语有 5 个：初中生、作业情绪、学业成就、情绪调控、小学生。说明学业情绪研究的重点在小学与初中，主要是从学业成就与情绪调控的角度去研究的。此外，其他的词语中心性较差，说明大量文献处于"独立"状态，文献的共引、共被引等都较弱。

表 5-2　热词中心性分析

Burst	Centrality	Sigma	PageRank	Keyword	Year
0	0.1	1	0	初中生	2010
0	0.01	1	0	作业情绪	2015
0	0.02	1	0	学业成就	2015
0	0	1	0	自我概念	2015
0	0.01	1	0	情绪调控	2014
0	0.01	1	0	小学生	2015
0	0	1	0	课堂情绪	2015
0	0	1	0	家庭作业管理	2010
0	0	1	0	父母家庭作业卷入	2013

Burst	Centrality	Sigma	PageRank	Keyword	Year
0	0	1	0	家庭作业情绪	2013
0	0	1	0	情绪调节策略	2016
0	0	1	0	心理弹性训练	2012
0	0	1	0	心理应激	2012
0	0	1	0	作业策略	2014
0	0	1	0	家庭作业目的	2010
0	0	1	0	心理健康	2012
0	0	1	0	下丘脑垂体肾上腺轴	2012
0	0	1	0	作业动机	2016
0	0	1	0	教师期望	2015
0	0	1	0	物理学业成绩	2012
0	0	1	0	情绪教育	2004
0	0	1	0	家庭作业努力	2013
0	0	1	0	作业策略问卷	2014
0	0	1	0	作业心理负担	2015
0	0	1	0	作业筐	2014
0	0	1	0	家庭作业学业情绪	2016
0	0	1	0	高中生	2010
0	0	1	0	家庭作业	2010
0	0	1	0	物理学业情绪	2012
0	0	1	0	作业策略辅导	2014
0	0	1	0	自主神经系统	2012
0	0	1	0	家庭作业情绪	2014
0	0	1	0	情绪稳定性	2004
0	0	1	0	作业努力	2016
0	0	1	0	学习自我效能感	2010
0	0	1	0	作业疲劳	2012

（四）文献研究机构分析

图 5-2 是"学业情绪"研究机构网络图，图中标示出主要的研究机构。这些研究机构主要在高校，致力基础教育的研究单位只有陇南师专附属实验小学和成都市马家河小学。由此可见，高校是"学业情绪"研究的主要群体。当然，图中标示的陇南师专附属实验小学的字体最大，说明它在"学业情绪"的研究中提供的研究成果最多，是最大的研究主体。

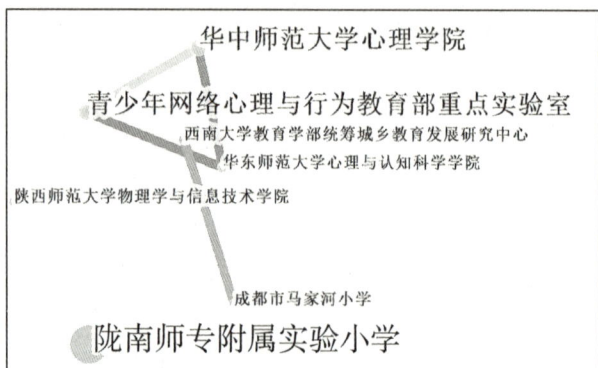

华中师范大学心理学院

青少年网络心理与行为教育部重点实验室
西南大学教育学部统筹城乡教育发展研究中心
华东师范大学心理与认知科学学院
陕西师范大学物理学与信息技术学院

成都市马家河小学
陇南师专附属实验小学

图 5-2　研究机构网络图

综上所述，基于大数据的学业情绪，更多地建立在课堂情绪与作业情绪上。但对学业情绪研究的文献较少、研究热点不多、研究方法不明、研究点不聚焦、基础教育战线研究的机构不多、对学生课堂情绪的研究较少。基于这些原因，笔者决定对学生学业情绪做调查研究。

三、研究方法

（一）调查工具

笔者在成熟量表"中学生课堂情绪与作业情绪问卷"的基础上，为适应物理学业情绪的调查，对问卷做了局部性改编，形成了"中学生物理学业情绪量表"（见附件 3）。该问卷涉及两个方面的内容：一是人口统计学变量，重点是年级与性别；二是学业情绪问卷。第二部分有 40 道选择题。其中，物理课堂情绪和作业情绪各 20 道题。题目选项采用李克特五级量表法，5 个选项分别为非常符合、符合、一般、不符合、非常不符合这 5 个级次。少部分题项采取正向记分，多数题目采用反向计分。

（二）调查范围

某区内两所高完中校，共 5 个年级（从八年级到高三年级）。其中，八年级有 397 人，九年级有 403 人，高一年级有 410 人，高二年级有 395 人，高三年级有 408 人。调查样本总人数为 2013 人。

本研究采用 SPSS 19.0 进行数据处理。

四、问卷的检验

（一）调查问卷的信度、效度检验

1. 克隆巴赫一致性检验

Cronbach's Alpha 是一个统计指标，能检测量表内部信度一致性的高低。一般而言，α 值大于 0.8 表示内部一致性极好，α 在 0.6 到 0.8 之间表示内部一致性良好，而低于 0.6 说明内部一致性较差。

表 5—3 问卷的一致信度系数统计表

	作业情绪	课堂情绪	总问卷
Cronbach's Alpha	0.811	0.761	0.893
基于标准化项的 Cronbach's Alpha	0.798	0.727	0.881

从表 5—3 所示的 Cronbach's Alpha 来看，作业情绪与课堂情绪的值分别为 0.811、0.761，总问卷的 α 值为 0.893，说明三者的信度值都在内部一致性良好的水平。另外，从表 5—4 可以看出，删除任何一道题目对提高 Cronbach's Alpha 值都没有太大影响，甚至删除一些题项后其值反而会减小，所以没有必要删除任何题目。

表 5—4 项总计统计量

	项已删除的刻度均值	项已删除的刻度方差 x	校正的项总计相关性	多相关性的平方	项已删除的 Cronbach's Alpha 值
H 喜欢	140.0931	941.592	0.381	0.734	0.897
H 高兴	139.5441	946.210	0.390	0.750	0.896
H 担心	141.8480	806.425	0.780	0.813	0.872

续表

	项已删除的刻度均值	项已删除的刻度方差 v	校正的项总计相关性	多相关性的平方	项已删除的Cronbach's Alpha值
H生气	140.8725	768.604	0.873	0.915	0.864
H厌烦	140.4069	785.602	0.844	0.863	0.867
A喜欢	139.9069	952.489	0.324	0.542	0.901
A高兴	140.2843	980.687	0.266	0.419	0.902
A担心	141.2794	815.621	0.762	0.803	0.873
A生气	140.7990	788.339	0.791	0.916	0.871
A厌烦	140.5098	783.798	0.801	0.916	0.870

2. KMO 与 Bartlett 球形度检验

笔者对数据做了 KMO 与 Bartlett 球形度检验（见表 5-5）。KMO 是 Kaiser Meyer Olkin 的简称，可以通过它判断题项的相关性与共同因素的多少。KMO 值越大，说明变量间的共同因素越多，该数据越适合做因子分析。研究者普遍认为，KMO 值大于 0.9 表示数据非常适合做因子分析，其值在 0.7 到 0.9 之间则适合做因子分析，其值在 0.5 以下则不适合做因子分析。越适合做因子分析的问卷，其结构效度越好。

表中作业情绪的 KMO 值为 0.937，其值较大；近似卡方为 5012.808，且其 P 值小于 0.001，说明作业情绪部分有较好的结构信度。只是课堂情绪的 KMO 值偏小，但仍然在可以接受的范围以内。总问卷的 KMO 值为 0.851，可以认为总问卷有较好的结构信度。

表 5-5 KMO 和 Bartlett 的检验

		作业情绪	课堂情绪	总问卷
取样足够度的 Kaiser-Meyer-Olkin 度量		0.937	0.695	0.851
Bartlett 的球形度检验	近似卡方	5012.808	794.810	2235.303
	df	190	10	45
	$Sig.$	0.000	0.000	0.000

综上所述，本调查问卷及调查数据有较高的信度与效度，说明为研究中学生物理学业情绪所选择并改编的量表是有效的，可以对采集的数据做进一步的分析。

第六章　物理学业情绪调查结果分析

调查问卷的科学性和有效性是抽样调查分析的基础，一般采用信度分析和效度分析来评价调查问卷是否具有稳定性和可靠性。上一章对问卷的信度与效度分析，显示出学业情绪问卷及调查结果有较高的信度与效度，说明本调查数据适合进一步做深度分析。本章重点分析作业情绪与性别、年级的关系，课堂情绪与性别、年级的关系，以及作业情绪、课堂情绪与学业成绩之间的关系，等等。

一、作业情绪的性别差异

为了检验作业情绪的性别差异，笔者采用独立样本 T 检验。检验结果见表 6−1。

表 6−1　作业情绪在性别上的独立样本 T 检验

	性别	N	均值	标准差	均值的标准误	t	Sig.（双侧）
H 喜欢	男	510	16.0273	4.24147	0.40441	−0.191	0.849
	女	503	16.1262	3.30680	0.32583		
H 高兴	男	510	16.7455	3.79385	0.36173	0.252	0.801
	女	503	16.6214	3.34640	0.32973		
H 担心	男	510	14.8000	5.38568	0.51350	−1.573	0.017
	女	503	13.8252	4.07630	0.40165		
H 生气	男	510	14.7182	5.75514	0.54873	−1.738	0.084
	女	503	15.9223	4.29018	0.42272		
H 厌烦	男	510	15.3000	5.47982	0.52248	−1.412	0.159
	女	503	16.2524	4.32892	0.42654		

从表 6−1 可以看出，性别在五个维度上的均值存在一定的差异性。除在"喜欢"和"担心"两个维度上男生的均值略高于女生之外，其他三个维度上

的均值都是女生高于男生。从分值分布的离散程度来看，男生的分值更分散，女生的分值更集中。从方差齐次性 Levene 检验的结果来看，男、女生在"担心"维度上有显著性差异，在作业情绪的其他维度上并没有显著性差异。特别说明的是，在喜欢的这个维度上，方差齐次性 Levene 检验的结果方差是不相等的。尽管如此，均值方差的 T 检验 $Sig.$（双侧）大于 0.05，说明男、女之间在作业情绪上的表现是不显著的。

表6-2　"担心"维度在性别上的均值比较

		一做物理作业就感到紧张	总担心物理作业太难	总担心物理作业会大量出错	总担心老师会批评自己的作业
男	均值	3.52	4.38	3.72	3.85
	标准差	1.476	1.433	1.422	1.422
女	均值	3.66	3.42	3.03	3.11
	标准差	1.265	1.340	1.159	1.196

表6-2反映出"担心"维度在性别上差异的原因。在"一做物理作业就感到紧张"这一选项上女生的均值高于男生，说明男生在上课时更容易进入紧张状态；在"总担心物理作业太难""总担心物理作业会大量出错""总担心老师会批评自己的作业"三个方面，女生的均值要低于男生。女生上物理课有更多的担心，她们在物理课堂上有更多的心理负担。

二、课堂情绪的性别差异

为了检验课堂情绪在性别上的差异性，笔者对数据做了独立样本 T 检验。检验结果见表6-3。

表6-3　课堂情绪在性别上的独立样本 T 检验

	性别	N	均值	标准差	均值的标准误	t	$Sig.$（双侧）
A 喜欢	男	1010	16.2909	3.99620	0.38102	0.398	0.019
	女	1003	14.0194	3.95559	0.38976		
A 高兴	男	1010	16.1818	3.31021	0.31562	1.530	0.128
	女	1003	15.5049	3.13698	0.30910		
A 担心	男	1010	14.4636	5.12894	0.48903	−1.157	0.248
	女	1003	15.2136	4.25337	0.41910		

	性别	N	均值	标准差	均值的标准误	t	$Sig.$（双侧）
A 生气	男	1010	13.6698	5.59544	0.54348	-1.785	0.036
	女	1003	15.9412	4.64763	0.46018		
A 厌烦	男	1010	14.1132	5.66917	0.55064	-1.720	0.047
	女	1003	16.3465	4.61397	0.45911		

（一）对物理课的"喜欢"在性别上有显著性差异

表 6-3 中的统计数据显示，对物理课堂的"喜欢"有着性别的差异，男生的均值大于女生的均值，且 $Sig.$（双侧）为 0.019，说明男生、女生在"喜欢"上有着显著性差异。从表 6-4 的"喜欢"维度在性别上的均值比较可以看出，在"我特别期待上物理课""我不觉得物理课是负担""我觉得物理课特别有趣"这三个方面，男生的均值都要高于女生。而在"物理课能激励我学习"这个方面，女生的均值高于男生。由此可见，九年级的男生对物理充满着热爱，为兴趣而学。对九年级的女生而言，期待上物理课仅仅因为物理课对自己有激励作用。这些方面的差异，有可能造成男生、女生在学业上的差异。

表 6-4　"喜欢"维度在性别上的均值比较

		我特别期待上物理课	我不觉得物理课是负担	物理课能激励我学习	我觉得物理课特别有趣
男	均值	3.96	4.18	3.62	3.83
	标准差	1.141	1.006	1.219	1.188
女	均值	3.13	3.23	4.35	3.22
	标准差	1.183	1.043	1.226	1.091

（二）对物理课的"高兴"和"担心"在性别上没有显著性差异

从表 6-3 的数据可以看出，男生"高兴"选项上的均值大于女生，男生在"担心"选项上的均值要低于女生，说明男生和女生在这两个方面有一定的差异性。但两者的 $Sig.$（双侧）值都大于 0.05，说明两者有差异但其差异是不显著的。

（三）对物理课的"生气"在性别上有显著性差异

表 6-3 的数据显示，对于"生气"，男生的均值要低于女生，且 $Sig.$

（双侧）值都小于 0.05，说明男生与女生在"生气"这一选项上有显著性差异。从表 6-5 可以看出，男生在每一个选项上的均值都要小于女生，说明男生在物理课堂上更容易"生气"。

表 6-5 "生气"维度在性别上的均值比较

		我常常为老师的教授方法而生气	我常常因听不懂物理课而生气	我常常因生气而难以集中精力	我常常因生气而思维混乱
男	均值	3.75	3.68	3.71	3.75
	标准差	1.485	1.496	1.480	1.487
女	均值	4.03	4.08	4.03	4.02
	标准差	1.184	1.194	1.192	1.237

（四）对物理课的"厌烦"在性别上有显著性差异

表 6-6 "厌烦"维度在性别上的均值比较

		一提到物理课我就心烦	我总是难以集中精力听完一堂物理课	上物理课时因心烦而思维混乱	我常常为物理课后的作业而心烦
男	均值	3.68	3.71	3.75	3.86
	标准差	1.496	1.480	1.487	1.470
女	均值	4.08	4.03	4.02	4.16
	标准差	1.194	1.192	1.237	1.155

从表 6-3 可以看出，"厌烦"维度在性别上有显著性差异。从表 6-6 可以看出，在"厌烦"维度的各个指标上，女生的均值都要高于男生。这一结论与"生气"在性别上的差异相似。为此，笔者做了"生气"与"厌烦"的相关性检验。从表 6-7 可以看出，"生气"与"厌烦"的相关系数很高，且在 0.01 水平（双侧）上显著相关。笔者认为，造成这种现象的原因可能有两个：其一，"生气"与"厌烦"本身是高度相关的两种情绪；其二，学生答题时没能有效地区分"生气"与"厌烦"这两个概念。

表 6-7　"生气"与"厌烦"相关性检验

		A 生气	A 厌烦
A 生气	Pearson 相关性	1	0.952**
	显著性（双侧）	—	0.000
	N	508	505
A 厌烦	Pearson 相关性	0.952**	1
	显著性（双侧）	0.000	—
	N	505	508

**表示在 0.01 水平（双侧）上显著相关。

三、作业情绪的年级差异

表 6-8 中的数据体现了作业情绪在年级上的差异性。从数据分析来看，不同年级的均值有一定的差异性，且标准差也不相等，说明年级在作业情绪上的离散程度不相同。

表 6-8　作业情绪在年级的差异性描述

		均值	标准差	标准误	均值的 95％置信区间	
					下限	上限
H 喜欢	八年级	16.3846	3.98428	0.63800	15.0931	17.6762
	九年级	15.2000	4.18912	0.66236	13.8603	16.5397
	高一年级	15.9767	4.27333	0.65168	14.6616	17.2919
	高二年级	15.6957	3.27190	0.48241	14.7240	16.6673
	高三年级	17.0667	3.21502	0.47927	16.1008	18.0326
	总数	16.0751	3.80962	0.26103	15.5606	16.5897
H 高兴	八年级	17.2308	3.24817	0.52012	16.1778	18.2837
	九年级	15.8750	3.93008	0.62140	14.6181	17.1319
	高一年级	16.3023	4.21186	0.64230	15.0061	17.5985
	高二年级	16.2826	3.50658	0.51702	15.2413	17.3239
	高三年级	17.7111	2.65965	0.39648	16.9121	18.5102
	总数	16.6854	3.57660	0.24506	16.2024	17.1685

		均值	标准差	标准误	均值的95%置信区间	
					下限	上限
H 担心	八年级	13.4359	4.78921	0.76689	12.8834	15.9884
	九年级	13.6250	4.74848	0.75080	12.1064	15.1436
	高一年级	13.6744	4.77952	0.72887	13.2035	16.1453
	高二年级	12.7826	4.44679	0.65564	13.4621	16.1031
	高三年级	13.9111	5.37174	0.80077	12.2973	15.5250
	总数	13.2958	4.81368	0.32983	13.6456	14.9459
H 生气	八年级	15.3590	5.21378	0.83487	13.6689	17.0491
	九年级	14.9750	5.06616	0.80103	13.3548	16.5952
	高一年级	15.9767	4.74336	0.72336	14.5170	17.4365
	高二年级	15.6087	5.00435	0.73785	14.1226	17.0948
	高三年级	14.5778	5.65480	0.84297	12.8789	16.2767
	总数	15.3005	5.12337	0.35105	14.6085	15.9925
H 厌烦	八年级	15.7436	5.08205	0.81378	14.0962	17.3910
	九年级	15.1750	4.94009	0.78110	13.5951	16.7549
	高一年级	15.5349	4.66675	0.71167	15.0987	17.9711
	高二年级	16.2826	4.77802	0.70448	14.8637	17.7015
	高三年级	15.0222	5.39566	0.80434	13.4012	16.6433
	总数	15.7606	4.96820	0.34042	15.0895	16.4316

　　从表6-9作业情绪在年级上的多种比较可以看出，八年级与高一年级的均值有显著性差异，八年级的学生更喜欢物理作业；从"高兴"维度来看，八年级与九年级没有太大的差异性，高一年级与高二年级也没有太大的差异性，但高一年级与高三年级、高二年级与高三年级有较大的差异性，表现出高三年级在物理作业上更"高兴"；从"担心"维度来看，高二学生与八年级学生有显著性差异，高二学生对物理作业有更多的担忧。此外，其他维度均没有显著性差异。

表6—9 作业情绪在年级上的多重比较

因变量		(I) 年级	(J) 年级	均值差 (I—J)	标准误	显著性	95%置信区间	
							下限	上限
H 喜欢	LSD	八年级	九年级	1.18462	0.85337	0.167	−0.4978	2.8670
			高一年级	0.40787	0.83855	0.002	−1.2453	2.0610
			高二年级	0.68896	0.82544	0.405	−0.9383	2.3163
			高三年级	−0.68205	0.82964	0.412	−2.3176	0.9535
		九年级	八年级	−1.18462	0.85337	0.167	−2.8670	0.4978
			高一年级	−0.77674	0.83303	0.352	−2.4190	0.8655
			高二年级	−0.49565	0.81984	0.546	−2.1119	1.1206
			高三年级	−1.86667*	0.82406	0.025	−3.4913	−0.2421
		高一年级	八年级	−0.40787	0.83855	0.002	−2.0610	1.2453
			九年级	0.77674	0.83303	0.352	−0.8655	2.4190
			高二年级	0.28109	0.80439	0.727	−1.3047	1.8669
			高三年级	−1.08992	0.80870	0.179	−2.6842	0.5044
		高二年级	八年级	−0.68896	0.82544	0.405	−2.3163	0.9383
			九年级	0.49565	0.81984	0.546	−1.1206	2.1119
			高一年级	−0.28109	0.80439	0.727	−1.8669	1.3047
			高三年级	−1.37101	0.79510	0.086	−2.9385	0.1965
		高三年级	八年级	0.68205	0.82964	0.412	−0.9535	2.3176
			九年级	1.86667*	0.82406	0.025	0.2421	3.4913
			高一年级	1.08992	0.80870	0.179	−0.5044	2.6842
			高二年级	1.37101	0.79510	0.086	−0.1965	2.9385
H 高兴	LSD	八年级	九年级	1.35577	0.79760	0.091	−0.2166	2.9282
			高一年级	0.92844	0.78374	0.238	−0.6167	2.4735
			高二年级	0.94816	0.77149	0.220	−0.5728	2.4691
			高三年级	−0.48034	0.77541	0.536	−2.0090	1.0483
		九年级	八年级	−1.35577	0.79760	0.091	−2.9282	0.2166
			高一年级	−0.42733	0.77859	0.584	−1.9623	1.1076
			高二年级	−0.40761	0.76625	0.595	−1.9182	1.1030
			高三年级	−1.83611*	0.77020	0.018	−3.3545	−0.3177

续表

因变量		（I）年级	（J）年级	均值差（I－J）	标准误	显著性	95％置信区间	
							下限	上限
H 高兴	LSD	高一年级	八年级	−0.92844	0.78374	0.238	−2.4735	0.6167
			九年级	0.42733	0.77859	0.584	−1.1076	1.9623
			高二年级	0.01972	0.75182	0.979	−1.4625	1.5019
			高三年级	−1.40879	0.75585	0.004	−2.8989	0.0813
		高二年级	八年级	−0.94816	0.77149	0.220	−2.4691	0.5728
			九年级	0.40761	0.76625	0.595	−1.1030	1.9182
			高一年级	−0.01972	0.75182	0.979	−1.5019	1.4625
			高三年级	−1.42850	0.74314	0.001	−2.8935	0.0365
		高三年级	八年级	0.48034	0.77541	0.536	−1.0483	2.0090
			九年级	1.83611*	0.77020	0.018	0.3177	3.3545
			高一年级	1.40879	0.75585	0.004	−0.0813	2.8989
			高二年级	1.42850	0.74314	0.001	−0.0365	2.8935
H 担心	LSD	八年级	九年级	0.81090	1.08888	0.457	−1.3358	2.9575
			高一年级	−0.23852	1.06996	0.824	−2.3479	1.8708
			高二年级	−0.34671	1.05324	0.002	−2.4231	1.7297
			高三年级	0.52479	1.05859	0.621	−1.5622	2.6117
		九年级	八年级	−0.81090	1.08888	0.457	−2.9575	1.3358
			高一年级	−1.04942	1.06292	0.325	−3.1449	1.0461
			高二年级	−1.15761	1.04609	0.270	−3.2199	0.9047
			高三年级	−0.28611	1.05148	0.786	−2.3590	1.7868
		高一年级	八年级	0.23852	1.06996	0.824	−1.8708	2.3479
			九年级	1.04942	1.06292	0.325	−1.0461	3.1449
			高二年级	−0.10819	1.02638	0.916	−2.1316	1.9153
			高三年级	0.76331	1.03188	0.460	−1.2710	2.7976
		高二年级	八年级	0.34671	1.05324	0.002	−1.7297	2.4231
			九年级	1.15761	1.04609	0.270	−0.9047	3.2199
			高一年级	0.10819	1.02638	0.916	−1.9153	2.1316
			高三年级	0.87150	1.01453	0.391	−1.1286	2.8716
		高三年级	八年级	−0.52479	1.05859	0.621	−2.6117	1.5622
			九年级	0.28611	1.05148	0.786	−1.7868	2.3590
			高一年级	−0.76331	1.03188	0.460	−2.7976	1.2710
			高二年级	−0.87150	1.01453	0.391	−2.8716	1.1286

续表

因变量		(I) 年级	(J) 年级	均值差 (I−J)	标准误	显著性	95％置信区间	
							下限	上限
H 生气	LSD	八年级	九年级	0.38397	1.15853	0.741	−1.9000	2.6679
			高一年级	−0.61777	1.13841	0.588	−2.8621	1.6265
			高二年级	−0.24972	1.12061	0.824	−2.4589	1.9595
			高三年级	0.78120	1.12631	0.489	−1.4392	3.0016
		九年级	八年级	−0.38397	1.15853	0.741	−2.6679	1.9000
			高一年级	−1.00174	1.13092	0.377	−3.2313	1.2278
			高二年级	−0.63370	1.11301	0.570	−2.8279	1.5605
			高三年级	0.39722	1.11874	0.723	−1.8083	2.6027
		高一年级	八年级	0.61777	1.13841	0.588	−1.6265	2.8621
			九年级	1.00174	1.13092	0.377	−1.2278	3.2313
			高二年级	0.36805	1.09204	0.736	−1.7848	2.5209
			高三年级	1.39897	1.09789	0.204	−0.7654	3.5634
		高二年级	八年级	0.24972	1.12061	0.824	−1.9595	2.4589
			九年级	0.63370	1.11301	0.570	−1.5605	2.8279
			高一年级	−0.36805	1.09204	0.736	−2.5209	1.7848
			高三年级	1.03092	1.07942	0.341	−1.0971	3.1589
		高三年级	八年级	−0.78120	1.12631	0.489	−3.0016	1.4392
			九年级	−0.39722	1.11874	0.723	−2.6027	1.8083
			高一年级	−1.39897	1.09789	0.204	−3.5634	0.7654
			高二年级	−1.03092	1.07942	0.341	−3.1589	1.0971
H 厌烦	LSD	八年级	九年级	0.56859	1.12043	0.612	−1.6403	2.7774
			高一年级	−0.79129	1.10097	0.473	−2.9618	1.3792
			高二年级	−0.53902	1.08376	0.619	−2.6756	1.5975
			高三年级	0.72137	1.08927	0.509	−1.4261	2.8688
		九年级	八年级	−0.56859	1.12043	0.612	−2.7774	1.6403
			高一年级	−1.35988	1.09373	0.215	−3.5161	0.7963
			高二年级	−1.10761	1.07640	0.305	−3.2297	1.0144
			高三年级	0.15278	1.08195	0.888	−1.9802	2.2858

因变量		(I) 年级	(J) 年级	均值差 (I－J)	标准误	显著性	95％置信区间	
							下限	上限
H 厌烦	LSD	高一年级	八年级	0.79129	1.10097	0.473	−1.3792	2.9618
			九年级	1.35988	1.09373	0.215	−0.7963	3.5161
			高二年级	0.25228	1.05613	0.811	−1.8298	2.3344
			高三年级	1.51266	1.06178	0.156	−0.5806	3.6059
		高二年级	八年级	0.53902	1.08376	0.619	−1.5975	2.6756
			九年级	1.10761	1.07640	0.305	−1.0144	3.2297
			高一年级	−0.25228	1.05613	0.811	−2.3344	1.8298
			高三年级	1.26039	1.04392	0.229	−0.7976	3.3184
		高三年级	八年级	−0.72137	1.08927	0.509	−2.8688	1.4261
			九年级	−0.15278	1.08195	0.888	−2.2858	1.9802
			高一年级	−1.51266	1.06178	0.156	−3.6059	0.5806
			高二年级	−1.26039	1.04392	0.229	−3.3184	0.7976

＊表示均值差的显著性水平为 0.05。

四、课堂情绪的年级差异

表 6−10 是课堂情绪在年级上的差异性描述。与作业情绪在年级上的差异性相似，不同年级的均值有一定的差异性，且标准差也不相等，说明年级在课堂情绪上的离散程度是不相同的。

表 6−10　课堂情绪在年级上的差异性描述

		均值	标准差	标准误	均值的 95％置信区间	
					下限	上限
A 喜欢	八年级	16.6410	3.14966	0.50435	15.6200	17.6620
	九年级	15.6250	4.26487	0.67433	14.2610	16.9890
	高一年级	15.6512	3.15386	0.48096	15.6805	17.6218
	高二年级	15.6087	4.78645	0.70572	14.1873	17.0301
	高三年级	15.3111	4.15507	0.61940	15.0628	17.5594
	总数	15.1596	3.96956	0.27199	15.6235	16.6958

续表

| | | 均值 | 标准差 | 标准误 | 均值的95%置信区间 | |
					下限	上限
A高兴	八年级	15.6410	2.96903	0.47542	14.6786	16.6035
	九年级	15.5750	3.16137	0.49986	14.5639	16.5861
	高一年级	15.2558	3.24472	0.49482	14.2572	16.2544
	高二年级	16.4130	3.39657	0.50080	15.4044	17.4217
	高三年级	16.2889	3.34815	0.49911	15.2830	17.2948
	总数	15.8545	3.23781	0.22185	15.4171	16.2918
A担心	八年级	14.5128	4.87135	0.78004	12.9337	16.0919
	九年级	14.5500	4.51749	0.71428	13.1052	15.9948
	高一年级	15.4186	4.30522	0.65654	14.0937	16.7436
	高二年级	15.4565	4.74087	0.69900	14.0487	16.8644
	高三年级	14.1333	5.20751	0.77629	12.5688	15.6978
	总数	14.8263	4.72976	0.32408	14.1875	15.4651
A生气	八年级	14.9474	5.35722	0.86906	13.1865	16.7082
	九年级	14.6500	4.95389	0.78328	13.0657	16.2343
	高一年级	16.5952	4.65942	0.71896	15.1433	18.0472
	高二年级	15.9556	5.12106	0.76340	14.4170	17.4941
	高三年级	14.2326	5.62663	0.85805	12.5009	15.9642
	总数	15.2933	5.17944	0.35913	14.5852	16.0013
A厌烦	八年级	15.3684	5.36969	0.87108	13.6034	17.1334
	九年级	15.0500	5.25723	0.83124	13.3687	16.7313
	高一年级	17.0238	4.45842	0.68795	15.6345	18.4131
	高二年级	16.2889	5.31987	0.79304	14.6906	17.8872
	高三年级	14.7381	5.47304	0.84451	13.0326	16.4436
	总数	15.7150	5.20557	0.36181	15.0016	16.4283

　　表6-11是课堂情绪在年级上的多重比较。从"喜欢"维度来看，八年级与其他4个年级的均值都有显著性差异，八年级的均值最高，说明高一学生更喜欢物理课；从"担心"维度来看，高三年级比高二年级更担心物理学习，有着显著性差异。此外，其他维度没有太大的差异性。

表 6-11 课堂情绪在年级上的多重比较

因变量		(I) 年级	(J) 年级	均值差 (I-J)	标准误	显著性	95%置信区间	
							下限	上限
A 喜欢	LSD	八年级	九年级	1.01603	0.89563	0.001	-0.7497	2.7817
			高一年级	-0.01014	0.88007	0.000	-1.7451	1.7249
			高二年级	1.03233	0.86631	0.002	-0.6756	2.7402
			高三年级	0.32991	0.87072	0.003	-1.3867	2.0465
		九年级	八年级	-1.01603	0.89563	0.001	-2.7817	0.7497
			高一年级	-1.02616	0.87428	0.242	-2.7498	0.6974
			高二年级	0.01630	0.86043	0.985	-1.6800	1.7126
			高三年级	-0.68611	0.86487	0.429	-2.3911	1.0189
		高一年级	八年级	0.01014	0.88007	0.000	-1.7249	1.7451
			九年级	1.02616	0.87428	0.242	-0.6974	2.7498
			高二年级	1.04247	0.84423	0.218	-0.6219	2.7068
			高三年级	0.34005	0.84875	0.689	-1.3332	2.0133
		高二年级	八年级	-1.03233	0.86631	0.002	-2.7402	0.6756
			九年级	-0.01630	0.86043	0.985	-1.7126	1.6800
			高一年级	-1.04247	0.84423	0.218	-2.7068	0.6219
			高三年级	-0.70242	0.83447	0.401	-2.3475	0.9427
		高三年级	八年级	-0.32991	0.87072	0.003	-2.0465	1.3867
			九年级	0.68611	0.86487	0.429	-1.0189	2.3911
			高一年级	-0.34005	0.84875	0.689	-2.0133	1.3332
			高二年级	0.70242	0.83447	0.401	-0.9427	2.3475
A 高兴	LSD	八年级	九年级	0.06603	0.72842	0.928	-1.3700	1.5021
			高一年级	0.38521	0.71576	0.591	-1.0259	1.7963
			高二年级	-0.77202	0.70458	0.274	-2.1610	0.6170
			高三年级	-0.64786	0.70816	0.361	-2.0440	0.7482
		九年级	八年级	-0.06603	0.72842	0.928	-1.5021	1.3700
			高一年级	0.31919	0.71106	0.654	-1.0826	1.7210
			高二年级	-0.83804	0.69979	0.232	-2.2176	0.5416
			高三年级	-0.71389	0.70340	0.311	-2.1006	0.6728

续表

因变量		(I) 年级	(J) 年级	均值差 (I−J)	标准误	显著性	95％置信区间	
							下限	上限
A 高兴	LSD	高一年级	八年级	−0.38521	0.71576	0.591	−1.7963	1.0259
			九年级	−0.31919	0.71106	0.654	−1.7210	1.0826
			高二年级	−1.15723	0.68661	0.093	−2.5108	0.1964
			高三年级	−1.03307	0.69029	0.136	−2.3939	0.3278
		高二年级	八年级	0.77202	0.70458	0.274	−0.6170	2.1610
			九年级	0.83804	0.69979	0.232	−0.5416	2.2176
			高一年级	1.15723	0.68661	0.093	−0.1964	2.5108
			高三年级	0.12415	0.67868	0.855	−1.2138	1.4621
		高三年级	八年级	0.64786	0.70816	0.361	−0.7482	2.0440
			九年级	0.71389	0.70340	0.311	−0.6728	2.1006
			高一年级	1.03307	0.69029	0.136	−0.3278	2.3939
			高二年级	−0.12415	0.67868	0.855	−1.4621	1.2138
A 担心	LSD	八年级	九年级	−0.03718	1.06752	0.972	−2.1417	2.0674
			高一年级	−0.90578	1.04898	0.389	−2.9738	1.1622
			高二年级	−0.94370	1.03258	0.362	−2.9794	1.0920
			高三年级	0.37949	1.03783	0.715	−1.6665	2.4255
		九年级	八年级	0.03718	1.06752	0.972	−2.0674	2.1417
			高一年级	−0.86860	1.04208	0.406	−2.9230	1.1858
			高二年级	−0.90652	1.02557	0.378	−2.9284	1.1153
			高三年级	0.41667	1.03086	0.686	−1.6156	2.4489
		高一年级	八年级	0.90578	1.04898	0.389	−1.1622	2.9738
			九年级	0.86860	1.04208	0.406	−1.1858	2.9230
			高二年级	−0.03792	1.00625	0.970	−2.0217	1.9458
			高三年级	1.28527	1.01164	0.205	−0.7091	3.2797
		高二年级	八年级	0.94370	1.03258	0.362	−1.0920	2.9794
			九年级	0.90652	1.02557	0.378	−1.1153	2.9284
			高一年级	0.03792	1.00625	0.970	−1.9458	2.0217
			高三年级	1.32319	0.99463	0.001	−0.6377	3.2840
		高三年级	八年级	−0.37949	1.03783	0.715	−2.4255	1.6665
			九年级	−0.41667	1.03086	0.686	−2.4489	1.6156
			高一年级	−1.28527	1.01164	0.205	−3.2797	0.7091
			高二年级	−1.32319	0.99463	0.001	−3.2840	0.6377

因变量		(I)年级	(J)年级	均值差(I−J)	标准误	显著性	95％置信区间	
							下限	上限
A生气	LSD	八年级	九年级	0.29737	1.16756	0.799	−2.0047	2.5995
			高一年级	−1.64787	1.15394	0.155	−3.9231	0.6274
			高二年级	−1.00819	1.13552	0.376	−3.2471	1.2307
			高三年级	0.71481	1.14755	0.534	−1.5478	2.9775
		九年级	八年级	−0.29737	1.16756	0.799	−2.5995	2.0047
			高一年级	−1.94524	1.13869	0.089	−4.1904	0.2999
			高二年级	−1.30556	1.12003	0.245	−3.5139	0.9028
			高三年级	0.41744	1.13222	0.713	−1.8150	2.6499
		高一年级	八年级	1.64787	1.15394	0.155	−0.6274	3.9231
			九年级	1.94524	1.13869	0.089	−0.2999	4.1904
			高二年级	0.63968	1.10582	0.564	−1.5407	2.8200
			高三年级	2.36268*	1.11816	0.036	0.1580	4.5674
		高二年级	八年级	1.00819	1.13552	0.376	−1.2307	3.2471
			九年级	1.30556	1.12003	0.245	−0.9028	3.5139
			高一年级	−0.63968	1.10582	0.564	−2.8200	1.5407
			高三年级	1.72300	1.09915	0.119	−0.4442	3.8902
		高三年级	八年级	−0.71481	1.14755	0.534	−2.9775	1.5478
			九年级	−0.41744	1.13222	0.713	−2.6499	1.8150
			高一年级	−2.36268*	1.11816	0.036	−4.5674	−0.1580
			高二年级	−1.72300	1.09915	0.119	−3.8902	0.4442
A厌烦	LSD	八年级	九年级	0.31842	1.17482	0.787	−1.9981	2.6349
			高一年级	−1.65539	1.16112	0.156	−3.9449	0.6341
			高二年级	−0.92047	1.14258	0.421	−3.1734	1.3325
			高三年级	0.63033	1.16112	0.588	−1.6591	2.9198
		九年级	八年级	−0.31842	1.17482	0.787	−2.6349	1.9981
			高一年级	−1.97381	1.14578	0.086	−4.2330	0.2854
			高二年级	−1.23889	1.12699	0.273	−3.4611	0.9833
			高三年级	0.31190	1.14578	0.786	−1.9473	2.5711

因变量		(I) 年级	(J) 年级	均值差 (I−J)	标准误	显著性	95％置信区间	
							下限	上限
A 厌烦	LSD	高一年级	八年级	1.65539	1.16112	0.156	−0.6341	3.9449
			九年级	1.97381	1.14578	0.086	−0.2854	4.2330
			高二年级	0.73492	1.11270	0.510	−1.4591	2.9289
			高三年级	2.28571*	1.13172	0.045	0.0542	4.5172
		高二年级	八年级	0.92047	1.14258	0.421	−1.3325	3.1734
			九年级	1.23889	1.12699	0.273	−0.9833	3.4611
			高一年级	−0.73492	1.11270	0.510	−2.9289	1.4591
			高三年级	1.55079	1.11270	0.165	−0.6432	3.7448
		高三年级	八年级	−0.63033	1.16112	0.588	−2.9198	1.6591
			九年级	−0.31190	1.14578	0.786	−2.5711	1.9473
			高一年级	−2.28571*	1.13172	0.045	−4.5172	−0.0542
			高二年级	−1.55079	1.11270	0.165	−3.7448	0.6432

＊表示均值差的显著性水平为 0.05。

五、物理作业情绪与课堂情绪的关系

从表 6−12 可以看出，物理作业情绪与课堂情绪有以下关系：

（1）对作业的"喜欢"与对物理课的"喜欢"和"高兴"分别是中度相关与低度相关的，其相关性显著；对作业的"喜欢"与对物理课的"生气""担心"和"厌烦"是不相关的。

（2）对作业的"高兴"与课堂上的"喜欢"和"高兴"是中度相关的，其相关性非常显著；对作业的"高兴"与课堂上的"生气""担心"和"厌烦"是不相关的。

（3）对作业的"担心"与课堂上的"喜欢"和"高兴"是不相关的；而对作业的"担心"与课堂上的"生气"和"厌烦"的相关系数很大，是显著相关的。

（4）对作业的"生气"和"厌烦"与课堂 5 个维度的关系与以上部分结论相同。

表6-12 作业情绪与课堂情绪相关性检验

		A 喜欢	A 高兴	A 担心	A 生气	A 厌烦
H 喜欢	Pearson 相关性	0.658**	0.443**	0.109	0.115	0.132
	显著性（双侧）	0.000	0.000	0.112	0.097	0.057
H 高兴	Pearson 相关性	0.626**	0.545**	0.075	0.111	0.131
	显著性（双侧）	0.000	0.000	0.277	0.111	0.060
H 担心	Pearson 相关性	0.098	0.132	0.806**	0.729**	0.736**
	显著性（双侧）	0.152	0.054	0.000	0.000	0.000
H 生气	Pearson 相关性	0.145*	0.139*	0.834**	0.822**	0.839**
	显著性（双侧）	0.034	0.043	0.000	0.000	0.000
H 厌烦	Pearson 相关性	0.136*	0.117	0.787**	0.804**	0.828**
	显著性（双侧）	0.048	0.089	0.000	0.000	0.000

**表示在 0.01 水平（双侧）上显著相关。
*表示在 0.05 水平（双侧）上显著相关。

六、物理作业情绪与学习成绩的关系

（一）相关分析

积差相关又称积距相关，当两个变量都是正态连续变量，两者之间呈线性关系时，它表示这两个变量之间的相关。积差相关的使用条件是：（1）两变量为连续变量，即变量数值取自等距或等比量表；（2）两变量呈线性关系，这可由相关的散布图的形状来描述；（3）两变量为正态分布，或接近正态分布，至少是单峰对称的分布；（4）必须是成对数据，每对数据之间相互独立；（5）要排除共同因素的影响，如果两个变量都随着一个共同因素在变化，即使算出的积差相关系数很高，也难以判断两个变量之间存在高度相关；（6）样本容量大于 30，计算出的积差相关系数才有意义。[①] 表 6-13 所示的作业情绪与期中成绩的积差相关显示，作业情绪与期中成绩存在显著正相关，相关系数 $r =$ 0.294，显著性（双侧）为 0.000，小于 0.01。学业成绩与两个因子（喜欢与高兴）存在显著正相关，与三个因子（担心、生气与厌烦）存在显著的负相关。

---

① 360 百科. 积差相关［EB/OL］. ［2017-09-07］. https://baike. so. com/doc/6071220-6284293. html.

表 6-13　作业情绪与期中成绩的积差相关

		H 值	H 喜欢	H 高兴	H 担心	H 生气	H 厌烦
期中成绩	Pearson 相关性	0.294**	0.206**	0.211**	−0.268**	−0.227**	−0.202**
	显著性（双侧）	0.000	0.002	0.002	0.000	0.001	0.003

**表示在 0.01 水平（双侧）上显著相关。
*表示在 0.05 水平（双侧）上显著相关。

（二）回归分析[①]

1. 模型摘要与方差分析

根据相关分析的结果，选取与学业成绩有显著相关的 5 个因子作为自变量，以学业成绩作为因变量，采用强迫回归分析，具体探究作业情绪各因子对学业成绩的影响。

表 6-14　一元线性回归模型汇总[a]

模型	R	R 方	调整 R 方	标准估计的误差	Durbin-Watson
1	0.769[b]	0.591	0.587	19.943	1.504
a. 因变量：期中成绩。					
b. 预测变量：（常量）H 值。					

从表 6-14 可以看出，一元线性回归模型的 R 值为 0.769、R 方为 0.591、调整 R 方为 0.587。调整 R 方，在线性回归中也称为判定系数，是用于判定线性方程拟合优度的重要指标，体现了回归模型解释因变量变异的能力，通常认为 R 方需达到 60%，最好是 80%以上，当然是接近 1 更好。本例调整 R 方偏小，但接近 0.6，符合回归分析的要求。从表 6-15 可以看出，Anova 检验 F 值为 19.955，其 $Sig.$ 值为 0.000。回归模型具有极显著的统计学意义。由此可以判断本数据可以做回归分析。

---

① 明天会更好. SPSS 统计分析案例：一元线性回归 [EB/OL]. (2017-03-06) [2017-03-06]. http://blog. sina. com. cn/s/blog_13ec1876a0102xanf. html.

表 6－15　一元线性回归 Anova[a]

模型		平方和	df	均方	F	Sig.
1	回归	7936.520	1	7936.520	19.955	0.000[b]
	残差	83918.673	211	397.719		
	总计	91855.192	212			
a. 因变量：期中成绩。						
b. 预测变量：（常量）H 值。						

2. 回归系数与回归方程

表 6－16 所示，一元线性回归常量 t 检验值、作业情绪 t 检验值分别为 8.342、4.467，且它们的 $Sig.$ 均为 0.000。表明回归系数 b 存在，有统计学意义，期中成绩与作业情绪之间是正比关系，而且极其显著。可以根据表中的数据写出方程式：

因：$y = ax + b$

得：期中成绩＝53.732＋0.360×作业情绪

该方程是否符合统计学要求，可以根据其他的数据和图形做适用性检验。

表 6－16　一元线性回归系数[a]

模型		非标准化系数		标准系数	t	Sig.
		B	标准误差	试用版		
1	（常量）	53.732	6.441		8.342	0.000
	H 值	0.360	0.081	0.294	4.467	0.000
a. 因变量：期中成绩。						

3. 适用性检验

残差正态性检验。从标准化残差直方图来看，图形呈一个倒扣的钟形，左右两侧基本对称，图形反映数据正态分布；P－P 图要看点和线的关系，如果点都围绕在线的周围，就可以认为数据是符合正态分布的，这也是一个大概的检验方法，因为线性回归没有对残差的分布形态做出特别严格的要求，只要大概符合就可以了。从图 6－1 所示的标准化残差的 P－P 图来看，散点全部靠近斜线，线性分布较为明显。

因变量：期中成绩

均值=1.41E-16
标准偏差=0.998
N=213

a. 直方图

因变量：期中成绩

b. 回归标准化残差的标准P—P图

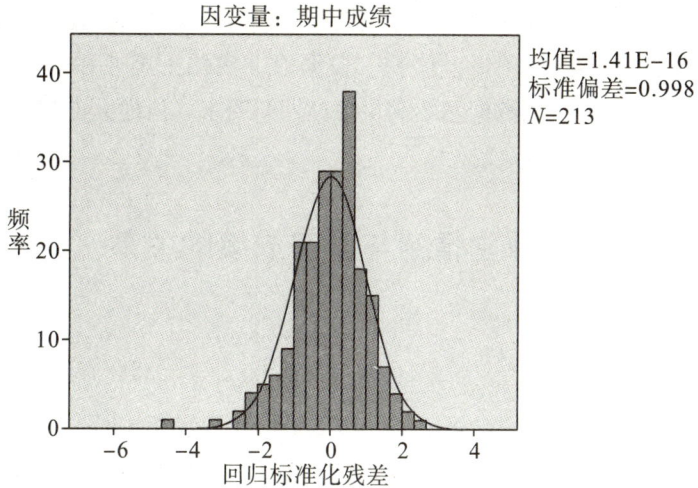

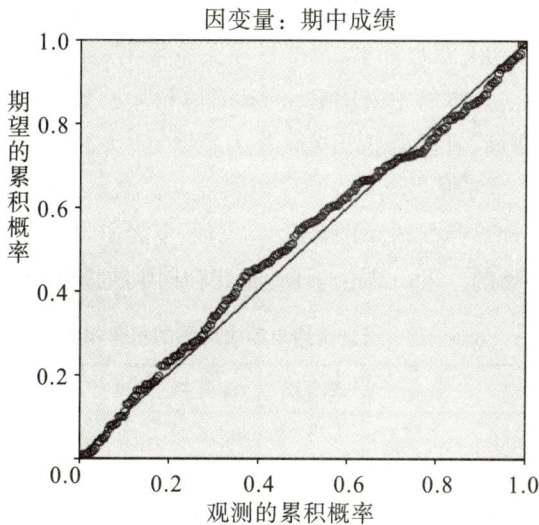

图 6-1　直方图与 P-P图

模型残差独立性检验。采用 Durbin－Watson 检验来判断，可以分析表 6-14一元线性回归模型汇总要表。Durbin－Watson 常用来检测残差是否存在自相关，其取值范围为 [0，4]，其值接近 2，说明变量之间是相互独立的，然而不同变量个数，以及不同样本含量计算的 Durbin－Watson 值是存在一定区别的。本例中 *DW*=1.504，查询 Durbin Watson Table 可以发现本例 *DW* 值恰好在无自相关性的值域之中，认定残差独立，通过检验。

实际上关于回归模型的适应性检验还有其他项目，比如异常点、共线性等检验项目，本例暂不展开研究。根据以上残差正态性和残差独立性检验的结果，笔者认为本例数据基本满足线性回归要求，所建立的模型可根据拟合质量进行预测。

七、物理课堂情绪与学习成绩的关系

（一）相关分析

相关关系是不完全确定的随机关系。在变量相关时，当一个或几个相互联系的变量取一定值的时候，与之相应的另一变量的值虽然不确定，但它仍然按照某种规律在一定的范围内变化。数据度量的尺度不同，相关分析的方法也不同，连续变量之间的相关性常用 Pearson 简单相关系数测定；定序变量的相关系数常用 Spearman 秩相关系数和 Kendall 秩相关系数测定；定类变量的相关分析要使用列连表分析法。本例中采用 Pearson 简单相关系数测定。表 6-17 所示，课堂情绪与期中成绩存在显著正相关，相关系数 $r=0.242$，显著性（双侧）为 0.000，小于 0.01。学业成绩与两个因子（喜欢与高兴）存在显著正相关，与两个因子（担心、厌烦）存在显著的负相关，与一个因子（生气）存在着负相关，但该负相关是不显著的。这一结论与作业情绪和期中成绩的相关性相似。

表 6-17　课堂情绪与期中成绩的积差相关

		A 值	A 喜欢	A 高兴	A 担心	A 生气	A 厌烦
期中成绩	Pearson 相关性	0.242**	0.293**	0.185**	−0.185**	−0.126	−0.142*
	显著性（双侧）	0.000	0.000	0.007	0.007	0.069	0.041
	N	213	213	213	213	213	213

**表示在 0.01 水平（双侧）上显著相关。
*表示在 0.05 水平（双侧）上显著相关。

（二）回归分析

1. 模型摘要

表 6-18 为回归模型的摘要表，其数据包括相关系数（R）、相关系数的平方（R 方）、调整后的相关系数（调整 R 方）、标准估计的误差、DW 值。其中自变量课堂情绪与因变量期中成绩的相关系数（R）是 0.642；决定系数

（R 方）为 0.612，大于 60％；调整后的调整 R 方为 0.610。由此可以得出，本数据符合一元线性回归的基本要求。

表 6－18　一元线性回归模型汇总[a]

模型	R	R 方	调整 R 方	标准估计的误差	Durbin－Watson
1	0.642[b]	0.612	0.610	20.396	1.552
a. 因变量：期中成绩。					
b. 预测变量：（常量）A 值。					

2. 方差分析

表 6－19 为回归模型的方差分析摘要表，其中的变异量显著性检验的 F 值为 12.576，显著性检验 P 值为 0.000，其值小于 0.05 的显著水平，表示回归模型整体解释变异量达到显著水平。也就是说回归系数不等于 0，即预测变量会达到显著性水平。

表 6－19　一元线性回归 Anova[a]

模型		平方和	df	均方	F	$Sig.$
1	回归	5231.773	1	5231.773	12.576	0.000[b]
	残差	84033.065	202	416.005		
	总计	89264.838	203			
a. 因变量：期中成绩。						
b. 预测变量：（常量）A 值。						

3. 回归系数

表 6－20 为回归模型的回归系数及回归系数的显著性检验，包括非标准化的回归系数、标准化的回归系数、回归系数的显著性检验的 t 值。标准化回归系数的绝对值越大，表明课堂情绪对期中成绩的影响越大。由表 6－20 可以得出标准化的回归方程为：

期中成绩＝57.405＋0.314×课堂情绪

表 6－20　一元线性回归系数[a]

模型		非标准化系数		标准系数	t	$Sig.$
		B	标准误差	试用版		
1	（常量）	57.405	7.052		8.140	0.000
	A 值	0.314	0.088	0.242	3.546	0.000
a. 因变量：期中成绩。						

4. 适用性检验

残差正态性检验。从标准化残差直方图来看，呈一个倒扣的钟形，左右两侧基本对称；从标准化残差的P-P图来看，散点全部靠近斜线（如图6-2所示）。

因变量：期中成绩

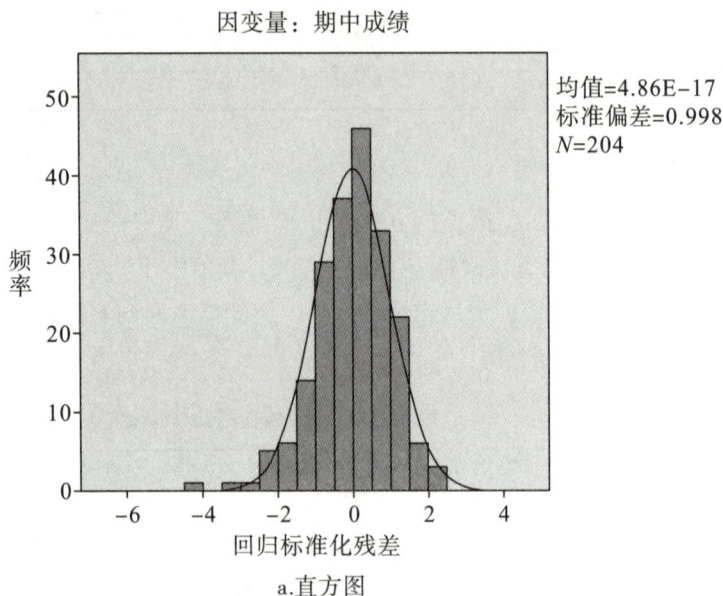

均值=4.86E-17
标准偏差=0.998
N=204

a.直方图

因变量：期中成绩

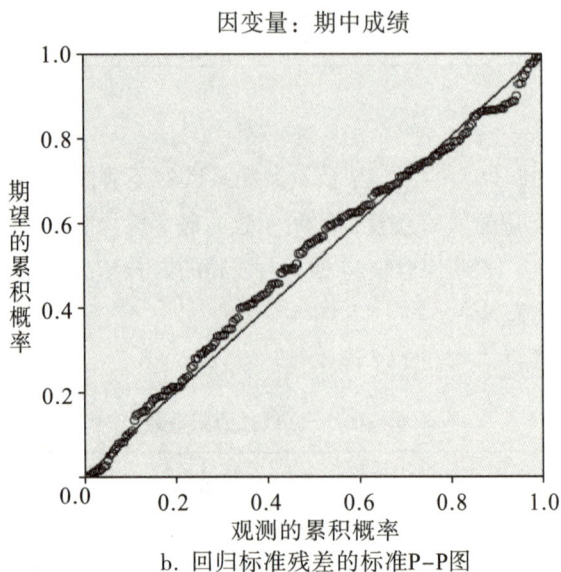

b. 回归标准残差的标准P-P图

图6-2　直方图与P-P图

残差独立性检验。采用 Durbin Watson 检验来判断，可以分析表 6-18 一元线性回归模型汇总表。表中所示 $DW = 1.552$，查询 Durbin Watson Table 可以发现本例 DW 值恰好在无自相关性的值域之中，认定残差独立，通过检验。

八、结语

通过对物理作业情绪和课堂情绪的调查及数据分析，可以得出以下主要的结论：

（一）作业情绪在"担心"维度上有性别差异

作业情绪的五个维度在性别上均有一定的差异性。但仅在"担心"维度上有显著性差异。研究表明，男生更容易进入作业的"紧张状态"，而女生更多地担心作业困难、容易出错等问题。

（二）课堂情绪在多个维度上有性别差异

在物理课"喜欢"维度上的性别差异。对物理课堂的"喜欢"有着性别的差异，男生的均值大于女生的均值。男生普遍认为，"我特别期待上物理课"，"我不觉得物理课是负担"，"我觉得物理课特别有趣"。而女生更多认为，"物理课能激励我学习"。

在物理课"生气"维度上的性别差异。对于"生气"，男生的均值要低于女生，且有着显著性差异。从生气的原因来看，"我常常为老师的教授方法而生气""我常常因听不懂物理课而生气""我常常因生气而难以集中精力""我常常因生气而思维混乱"几个方面均有一定的差异性。

在物理课"厌烦"维度上的性别差异。在"厌烦"维度的各个指标上，女生的均值都要高于男生。这一结论与"生气"在性别上的差异相似。

此外，在物理课"高兴"和"担心"维度上没有性别的差异。

（三）作业情绪在部分年级有一定的差异性

八年级与高一年级的均值有显著性差异，八年级学生刚开始学习物理也就更喜欢物理作业。高三年级的学生更喜欢通过练习来掌握与强化物理知识。高二年级的学生与八年级的学生相比，高二年级的学生更担心物理作业做得不好。

（四）课堂情绪在部分年级有一定的差异性

八年级学生刚开始物理学习，所以更喜欢物理课堂；高三年级的学生比高二年级的学生更担心物理学习，这可能与高三年级的学生临近高考有关。

（五）物理作业情绪与课堂情绪的关系

对作业的"喜欢"与对物理课的"喜欢"和"高兴"分别是中度相关与低度相关的，其相关性显著，对作业的"喜欢"与对物理课的"生气"和"厌烦"是不相关的；对作业的"高兴"与课堂上的"喜欢"和"高兴"是中度相关的，其相关性非常显著；对作业的"担心"与课堂上的"喜欢"和"高兴"是不相关的，而对作业的"担心"与课堂上的"生气"和"厌烦"的相关系数很大，是显著相关的。

（六）物理作业情绪与学习成绩的关系

相关性。物理作业情绪与期中成绩的积差相关显示，作业情绪与期中成绩存在显著正相关。学业成绩与两个因子（喜欢与高兴）存在显著正相关，与三个因子（担心、生气与厌烦）存在显著的负相关。

回归方程。分析与检验表明回归方程是存在的，有统计学意义，期中成绩与作业情绪之间是正比关系，而且极显著。

方程式为：期中成绩＝53.732＋0.360×作业情绪。

（七）物理课堂情绪与学习成绩的关系

相关性。课堂情绪与期中成绩存在显著正相关。学业成绩与两个因子（喜欢与高兴）存在显著正相关，与三个因子（担心、生气与厌烦）存在显著的负相关。这一结论与作业情绪和期中成绩的相关性相似。

回归方程。分析与检验表明回归方程是存在的，有统计学意义，期中成绩与作业情绪之间是正比关系，而且极显著。

方程式为：期中成绩＝57.405＋0.314×课堂情绪。

第七章　学习策略与学习潜能分析

一、引言

笔者认为，学习策略的发展与学习潜能密切相关。因此，研究学习策略必须研究学习潜能。要对两者建立强的联系，就必须首先了解学习潜能的成分和结构。可是，笔者在查阅大量的资料之后发现，学习潜能的研究更多发生在心理学领域，而心理学领域的研究者更多从脑科学入手，理论性过强。同时，从大量的资料来看，什么是潜能、什么是学习潜能，可以说没有形成定论。而关于学习潜能有什么样的特征，由哪些成分组成的研究少之又少。尽管如此，笔者对文献的学习与研究并没有停止。经过大量的学习之后，笔者对学习潜能的成分和结构有了深入的认识，且对学习策略与学习潜能的关系有了深度的探索。

二、文献信度分析

本研究的主要文献来源于书籍（专著、资料工具书）、教育期刊（学术理论性期刊）、国内数据库三种信息源。国内数据库主要以期刊全文数据库（知网、维普、万方）、二次文献数据库（中国科学引文索引、中国社会科学引文索引）为主，笔者尽可能从大数据的角度采集信息，以拓展信息源，开阔研究视野，在广泛选择文献的基础上，确定了文献选取的另外三个标准：

- ·研究者：高校或心理学研究机构。
- ·研究取向：以学习潜能的概念、内涵及特点研究为重点的文章。
- ·影响力：高下载和高被引的论文，以高被引为重要指标。

根据以上的一些原则与标准，从知网、万方、维普等数据库下载核心期刊论文、硕博论文，通过基于主题或关键词"学习潜能"的检索，一共收集到522篇论文。这些论文是最好的学习资料，但如果要从这些研究成果中发现学习潜能的内涵与特征，就必须对这些论文进行质性分析。

（一）发文单位的权威性

笔者对 522 篇论文进行了分析与遴选，发现有 274 篇论文基本符合我们确定的遴选标准。从发文单位来看，以师范院校为主，其中有少量的论文来源于部分综合性大学，这些大学在"学习潜能"研究领域有一定的权威性（如图 7－1 所示）。

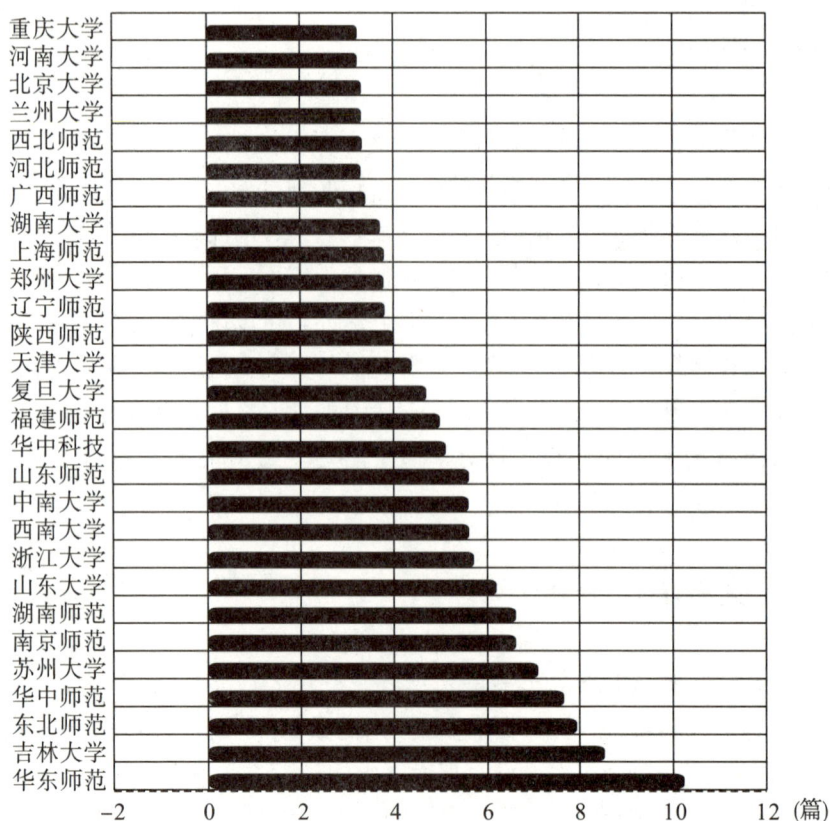

图 7－1 　"学习潜能"高发文机构一览图

（二）论文被引的频率

笔者对这些论文的下载与被引情况做了数据统计。论文的下载量与被引量是论文质量的两个重要指标。论文的下载量能反映论文标题对下载者的吸引力，而论文的被引量则反映读者对论文的认同度。所以，相对于被引量，论文的下载量在论文的评价中占的权重比较小。而且，论文的下载量与被引量并不一定是正相关关系。在图 7-2 中，某论文的下载量为 6920 次，而其被引用量却只有 8 次。另外一篇文章，其下载量为 1160 次，但其被引量却有 62 次。所以，论文的被引量是重点考核的指标。笔者重点统计了被引量在 5 次以上的论文。这部分论文一共 68 篇。笔者又重点考察了这些论文的作者、发文单位、作者的研究领域、论文的研究取向等指标是否符合研究的要求。研究发现，这些论文与"学习潜能"概念、内涵及特点等等是密切相关的。虽然论文只有 68 篇，数量较少，但这些论文是本研究的重要支撑材料。

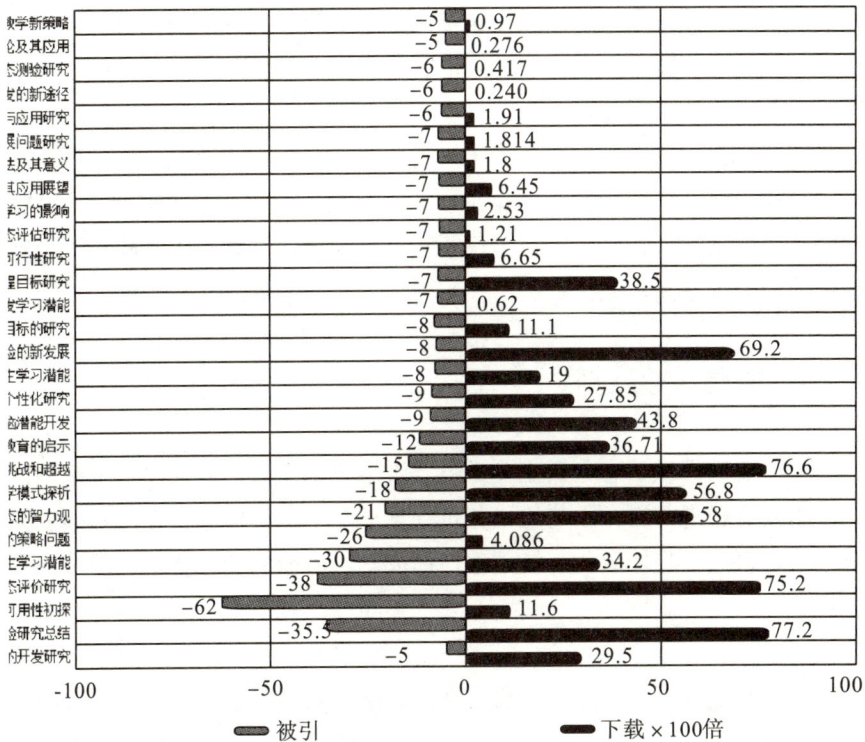

图 7-2　"学习潜能"高下载与高被引论文对比图

（三）学术专著的权威性

通过图书索引、图书搜索引擎，以及在淘宝、京东、亚马逊等电商网站进行搜索，笔者发现与学习潜能密切相关的图书不过十数种，大多数不是学习潜能研究的权威专著。笔者认为宁缺毋滥，最终选取了三本图书：《潜能发展心理学及潜能教育》《潜能教育》《潜能评估》。这三本图书在研究领域有一定的权威性，对本研究有指导价值。

《潜能发展心理学及潜能教育》。该书作者在书中对什么是潜能提出了新的诠释，对潜能教育也有独到的见解。在一定意义上说，他在实践和理论的支撑下走出了教育的困境，建立了全新的潜能发展心理学的体系。但该书与实践操作似乎有不小的距离，对课堂教学实践的指导不够到位。当然，它是本研究的重要资料。

《潜能教育》。该书是系统评析潜能教育的专著。全书分上、中、下三篇。上篇系统介绍潜能教育的概念、属性、体系及其与传统差异教育的区别；中篇阐述潜能教学的原则、方法和课程观；下篇围绕潜能家教展开，涉及潜能分化、早期教育等基本理论和具体操作方法。该书虽然在操作层面有所突破，也在不同学科的实施层面上做了尝试，但它几乎没有对学习潜能开发的论述，且对课堂变革的论述也很宽泛。

《潜能评估》。该书以潜能发展学说为指导，重新审视心理评估的理论并做出新的诠释。作者革故鼎新，用作业评估法、投射评估法、活动产品评估法、问卷评估法、情景评估法、检核表诊断法以及辅助性评估等重新建构了全新的潜能评估与心理诊断体系。

三、信息采集过程

学习潜能的文献信息分析主要通过三级编码来完成。即在学习文献的过程中，对原始资料进行逐行逐句逐段分析并逐渐赋予初始概念，在此基础上抽取核心范畴，再进一步抽象化与统领化，形成学习潜能的初始化结构的过程。

（一）一级编码

一级编码是逐行逐句逐段分析文献，并抽取初始概念的过程。该过程必须以开放的研究思路，一边分析文献一边进行编码。为了提高编码的信度，笔者尽可能使用原生代码，也就是文章撰写者所使用的独特的语言。同时，笔者尽可能依据数据的特征，让初始概念"自然涌现"，而不是给那些句子或段落安上一些生硬的词语。为此，笔者针对编码工作对其他成员专门做了培训，让成员明确什么是编码、如何编码等。在有了示范，并掌握一定编码技术的基础上，研究人员开始文献研究与编码工作。

笔者对文献编码工作还提出了以下要求：

· 编码越细致越好，不能漏掉任何重要的信息。

· 如果发现新的码号，应该在下一轮收集新的原始资料，直到数据饱和。

- 尽可能使用原生代码，切忌安装生硬词语。
- 使用的代码应简单而精确，让代码在反映文献本质的同时简短化。
- 学习者采用逐项编码的方式，把数据拆分成不同的部分或属性。
- 寻找文献默认的意义，对文献数据进行定义。
- 比较不同的数据，把要点联系起来。

经过训练并参考有关资料（见表7-1），研究人员初步掌握了文献编码技术。

表7-1 数据一级编码样例[①]

原始数据	一级编码
外语学习潜能开发的实质 　　潜能开发，主要是指开发蕴含于人体的能量，这种能量由体能和智能构成。而外语学习潜能开发的实质是指脑力开发。研究表明，目前我们开发的大脑潜能平均只有5%左右，约有95%的大脑潜能尚待开发与利用，即使像爱因斯坦这些科学精英大脑的开发程度也只达到13%左右。按照这样的理解，开发大脑潜能，让自己变得更加聪明并非什么天方夜谭。今天神经科学发现，人脑细胞具有异乎寻常的增生能力，如果环境刺激贫乏，脑的许多细胞就会停止发育或废止；如果刺激丰富，神经细胞就会得到充分利用。在外语学习过程中，人们正是利用自己的各种感觉器官，不断地在看、在听、在说、在探索、在模仿，每时每刻接受着来自环境中的各种刺激，大脑皮层相应区域才得以分化和构建，塑造我们的大脑微观结构。特别是树突分支和突触传导通路的建立，可从根本上改变大脑微观结构和整个大脑的性能。可见，外语智商不再是不可改变的品质，只要我们潜心发掘，就能培养出一批高素质的外语人才。	G1 学习潜能 G2 能量 G3 由体能和智能构成 G4 脑力开发 G5 大脑潜能有待开发 G6 细胞有生长能力 G7 环境刺激开发脑细胞 G8 外语学习利用感觉器官 G9 探索、模仿 G10 大脑皮层分化与构建 G11 传导通路建立 G12 大脑微观结构 G13 大脑性能 G14 外语智商可以改变

研究人员在完成一级编码之后，共获得一级编码1970个。在进行新的文献研究与编译的过程中发现，没有新的代码出现，说明数据采集已经饱和，不需要继续做资料研究。因此，文献一级编码过程结束。

（二）二级编码

二级编码过程是一级编码过程的延续。但与一级编码相比较，它有更高的指向性、选择性与概念性。通过二级编码可以提取出已有代码的子核心范畴。二级编码过程非常注重代码的关联性与频繁的重复性，它们是二级编码过程的

---

① 王焕玲. 外语学习潜能开发机制 [J]. 齐齐哈尔大学学报（哲学社会科学版），2006（1）：144-145.

两个重要的指标。在进行二级编码前，研究人员先对一级编码进行了以下整理，以减小一级编码的量和二级编码的难度：

· 同义词合并。一级代码中有大量的同义词语，要把同义的词语合并，合并计数。

· 去无关。因研究人员采用的是逐行编码的方式，产生了大量的无关编码。

· 去弱相关。如潜能生指成绩差的学生。本研究指的是广义上的学习潜能。

· 去对象的转移。如教学设计，研究的对象是教师而不是学生。

· 上下属性词语的合并。例如，表 7-2 中的 G34 合作学习、G40 合作探究两个词语，"合作学习"涵盖了"合作探究"，因此，研究人员把"合作探究"并入"合作学习"之中。

在完成一级编码的整理之后，最后剩下 612 个代码。二级编码的关键是做关联性研究与频繁重复性数量的研究。所以，首先要考虑的是这些一级编码是否有关联性。故，研究人员做了一级编码的相关性研究，相关性如图 7-3 所示。图 7-3 中隐去了部分频率较低的代码。因为图中词语太多不仅看不清楚，看起来也不美观。

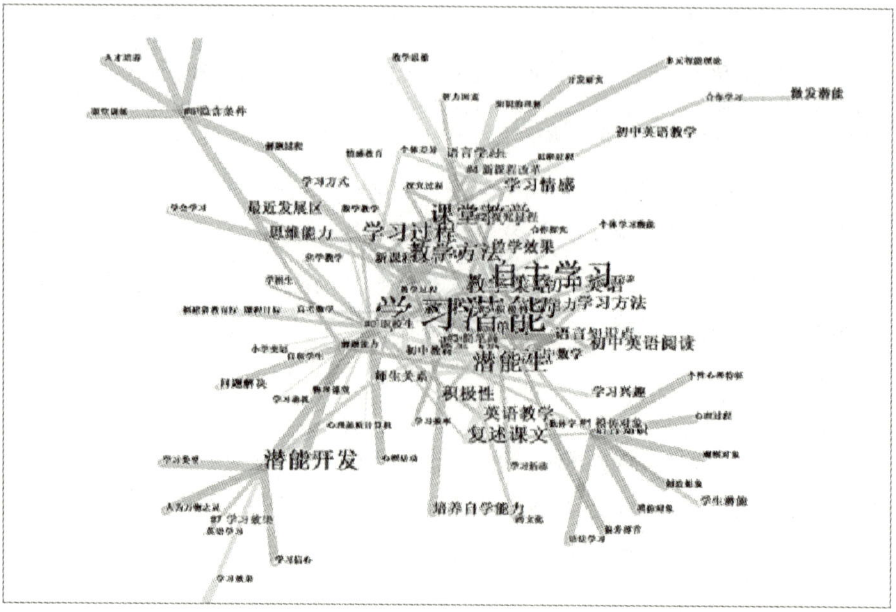

图 7-3 "学习潜能"文献研究一级编码地图

从图 7-3 中可以直观地解读出所获取的一级代码有多强的关联性。按照逻辑，一级编码的词语可以有多种联系，可以是因果关系、时间先后关系、语义关系、情境关系、相似关系、差异关系、对等关系、类型关系、结构关系、功能关系、过程关系、策略关系，等等。基于这样的认识，研究人员进行了二级编码（见表 7-2）。

表 7-2　二级编码样例

一级编码	二级编码
G2 能量、G3 由体能和智能构成、G4 脑力开发、G5 大脑潜能有待开发、G6 细胞有生长能力、G7 环境刺激开发脑细胞、G8 外语学习利用感觉器官、G10 大脑皮层分化与构建、G11 传导通路建立、G12 大脑微观结构、G13 大脑性能等等	潜能开发物质基础
G18 发散思维力、G19 知识记忆、G20 信息感知、G21 信息加工、G22 内在潜能、G23 内隐学习、G24 创造想象等等	认知的能力
G29 学习价值取向、G30 学习目标调整、G31 学习策略、G32 学习行为调控、G33 师生关系、G34 合作学习、G35 学习效果、G36 学习方法、G39 学习效果监控、G40 合作探究等等	学习的策略

研究人员完成编码工作后获得了 246 个二级编码。接下来，研究人员组织了专家小组对余下的词语进行遴选。专家团队由四部分人组成。其中，教育学专家 5 名，心理学专家 5 名，高级教师 5 名（非研究人员）、研究人员 5 名。专家团队对 246 个编码进行选择。对选择频率在 10 以下的（选择度低于50%）的词语实行淘汰，最终获得 28 个比较优化的二级编码（见表 7-3）。

表 7-3　学习潜能编制讨论结果

编号	二级编码	二级编码指向
1	思维力	思维发展水平是学习效果的重要指标
2	问题建构与解构	对问题建构、假设、决策与解决是学习的核心
3	选择能力	学生对学习材料、学习方式的选择决定学习效果
4	感知能力	感知能力是学生发展的基础能力
5	想象力	想象力是学习潜能开发的催化剂
6	归纳能力	学生归纳能力是知识建构的基础
7	探索能力	探索是学生建构、创新与融会贯通发掘知识的前提

编号	二级编码	二级编码指向
8	知识建构	学习的实质就是学生经验系统的主动建构
9	信息能力	感知、理解、评价和处理信息的能力是现代学生必备的能力
10	概念获得	通过对范例的观察、比较、假设、验证而获得概念很重要
11	复习的策略	复习对知识结构的调整是有益的，故复习策略很重要
12	创新能力	优化获取和应用知识经验的能力是重要的能力
13	元认知	学生对认知活动的自我意识和自我调节是学习的基础
14	预习的策略	预习或前置性学习策略可以提高学习效率
15	计划目标	学习计划与目标使学生的学习有明确的指向
16	听课策略	好的听课习惯与方法是当代学生的基本素养
17	自主学习策略	应培养学生自主探究和发现问题的能力与技巧
18	综合记忆方法	多种记忆方法综合运用才能使大量的信息长时记忆
19	效果评价策略	学习效果的及时评价能促进学习
20	反思的策略	学习过程即反思、概括、抽象和建构的过程
21	学习个性化	学生学习个性化才能自如地应对复杂的学习情境
22	学习坚持性	学生学习的坚持性决定学生的学习结果
23	学习行为自觉	学习中的多种行为参与与自觉配合是重要的自主能力
24	自我效能感	对成功的体验与对失败情绪的转化、积极归因对学生很重要
25	学习价值取向	明确为什么要学决定学生学习的积极性
26	学习情境应变	主动应变复杂的学习情境是成功的基础
27	学习过程监控	主动自我调节和控制学习可以提高学习效率
28	自我评价	它是自主学习发展的产物、学习持续发展的条件

（三）三级编码

三级编码过程是二级编码过程的延续。它与二级编码相比较，更具有统领性、概括性与高抽象性，通过三级编码可以形成学习潜能的初始结构。这是一个复杂的编码过程，对课题一般研究人员而言，三级编码有相当大的难度，其编码过程主要由课题核心成员来完成。在研究过程中，研究人员对二级编码进行了反复的比较，并把它与"学习潜能"联系起来一并思考，最终形成了6个核心范畴，并构建出学习潜能的初始结构（如图7-4所示）。

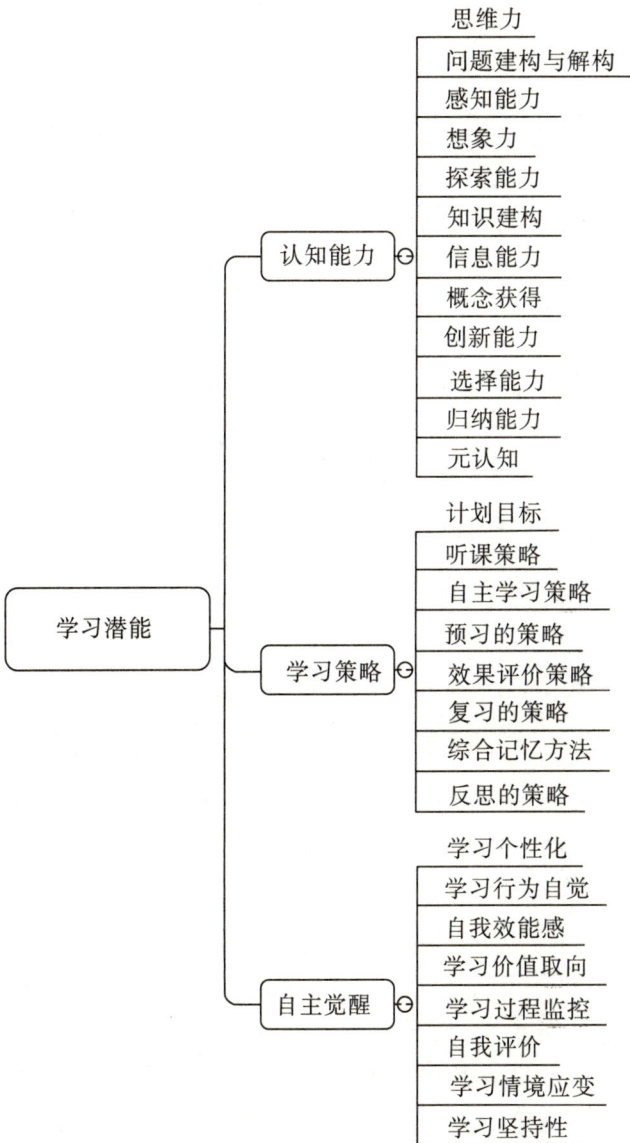

图7-4　学习潜能的构思模型

四、学习潜能结构构思验证

（一）量表的开发

基于初步构建的学习潜能结构初始模型（该初始模型包括 3 个维度、28 个题项），研究人员对这 28 个指标进行拓展量化，形成了 3 个维度、28 个题项的量表。为了将一些指标量化，研究人员选择李克特量表，采用 5 点计分法，用 SPSS 18.0 统计软件做统计。

（二）问卷调查

本调查以某校教师为调查对象，研究人员事先在问卷星上发布问卷，在召开了该校教师动员会之后，研究人员要求全体教师认真填写问卷。研究人员最后获得答卷 229 份。在剔除无效问卷之后，余下的问卷有 214 份。研究人员对问卷再做可靠性检验，检验结果见表 7－4。可靠性统计量反映出 Cronbach's Alpha=0.868，检验值比初测试略有提高，说明答卷有较高的信度，可做进一步分析。

表 7－4　可靠性统计量

Cronbach's Alpha	基于标准化项的 Cronbach's Alpha	项数
0.855	0.868	43

（三）数据分析

研究人员对每一个维度的结构模型进行了验证。如对学习策略进行结构验证，在删除题项"预习的策略"与"复习的策略"之后，其 GFI、$AGFI$、NFI、IFI、CFI 都有明显的增大；χ^2、$RMSEA$ 值有明显的减小；DF 值虽然减小了，但 χ^2/df 也减小了。使用同样的方法，对"自主觉醒""认知能力"的结构也做了检验与修正，删除了"自主觉醒"中的"学习坚持性""学习价值取向"、认知能力中的"选择能力""归纳能力"，其结果是，每一个潜在变量结构的拟合性有所变化，模型更趋进理想水平。最终，模型中剩下 22 个题项。其中，"学习策略"有 6 个题项，"自主觉醒"有 6 个题项，"认知能力"有 10 个题项。

为了进一步验证模型的整体结构，研究人员提出了 4 个竞争模型：M0 为观测变量相互独立的虚无模型，M1 为 22 个变量直接指向学习潜能的单维模型，M2 为一阶三因子模型（如图 7－5 所示）、M3 为二阶三因子模型（如图 7－6所示）。在检验中看是否有三种违反估计的现象出现：其一，是否有负的误差方差出现；其二，标准化系数是否超过或接近 1；其三，有太大的标准误。如果出现以上三种现象，即使结构的拟合指数再好，模型也是不能被接受的。

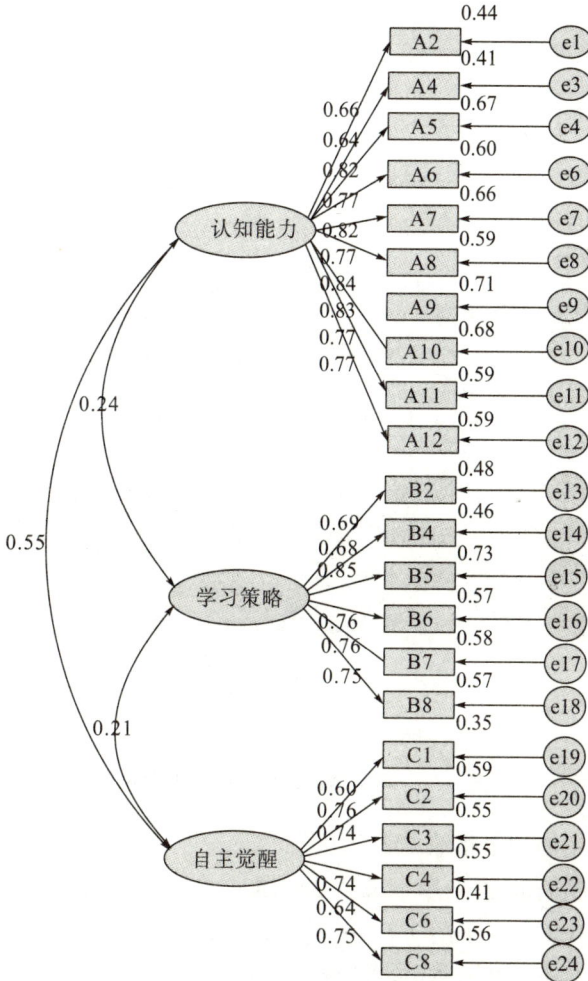

图 7－5　学习潜能一阶结构模型路径图

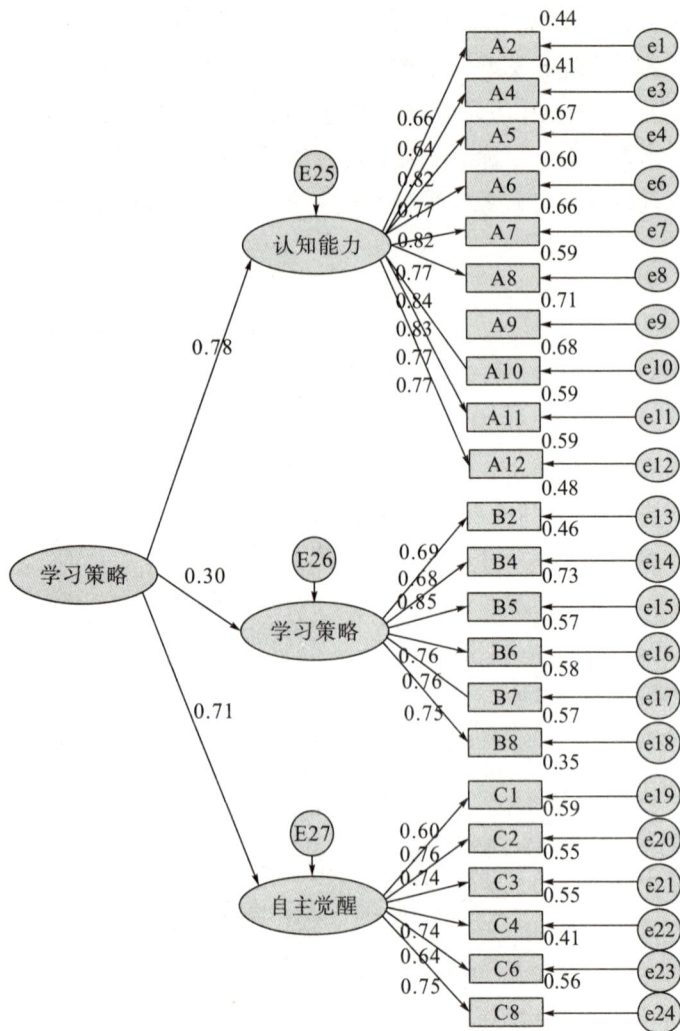

图7-6　学习潜能二阶结构模型路径图

　　竞争模型整体拟合指数见表7-5。

　　从表中的拟合指数来看，模型 M1 的 $\chi 2$ 过大，致使 $\chi 2/df$ 值偏大，而 GFI、AGFI、NFI、IFI、CFI 值偏小，普遍没达到理想的水平，RMSEA >0.08，也没有达到基本要求；从模型 M2 来看，$\chi 2/df$ 为 3.129，值的大小可以接受，但没有达到理想水平。其他的值、RMSEA 都达到了理想的水平。从模型 3 来看，$\chi 2/df < 3$，GFI、AGFI、NFI、IFI、CFI 的值普遍在 0.899 以上，RMSEA＝0.05。故，模型 M3 的各项拟合指标均达到了理想水平。

表 7-5　竞争模型整体拟合指数（$n=214$）

	χ^2	df	χ^2/df	GFI	$AGFI$	NFI	IFI	CFI	$RMSEA$
M0	5523.444	231	23.911	0.256	0.185	0.000	0.000	0.000	0.232
M1	2194.733	209	10.501	0.573	0.483	0.603	0.626	0.625	0.149
M2	647.703	207	3.129	0.904	0.885	0.901	0.922	0.922	0.063
M3	423.930	206	2.058	0.918	0.899	0.923	0.959	0.959	0.050

只是，从图 7-5 可以看出，"认知能力"与"学习策略"的相关系数偏低，"学习潜能"与"学习策略"的系数也偏低，说明该结构还有进一步优化的空间。但是，研究人员依然认为学习潜能结构是由学习策略、自主觉醒、认知能力三个一阶因子构成的二阶结构。

表 7-6　结构模型数据统计表

	$Estimate$	S.E.	C.R.	P	STD	SMC	$1-SMC$	CR	AVE
认知←学习潜能	1				0.781	0.61	0.390		
策略←学习潜能	0.449	0.119	3.772	***	0.303	0.092	0.908	0.641	0.401
自主←学习潜能	0.977	0.25	3.901	***	0.708	0.501	0.498		
A5←认知能力	1.31	0.087	15.007	***	0.819	0.671	0.329		
A6←认知能力	1.396	0.098	14.306	***	0.775	0.601	0.399		
A7←认知能力	1.317	0.088	14.991	***	0.815	0.664	0.335	0.919	0.634
A8←认知能力	1.33	0.094	14.223	***	0.768	0.589	0.410		
A9←认知能力	1.255	0.081	15.446	***	0.844	0.712	0.287		
A10←认知能力	1.432	0.095	15.09	***	0.827	0.683	0.316		
B2←学习策略	1				0.692	0.478	0.521		
B4←学习策略	0.977	0.075	12.989	***	0.677	0.458	0.541		
B5←学习策略	1.235	0.08	15.528	***	0.852	0.725	0.274	0.885	0.564
B6←学习策略	1.058	0.075	14.198	***	0.758	0.574	0.425		
B7←学习策略	1.122	0.08	14.07	***	0.761	0.579	0.420		
B8←学习策略	1.139	0.081	14.127	***	0.754	0.568	0.431		

	Estimate	S. E.	C. R.	P	STD	SMC	1−SMC	CR	AVE
C1←自主觉醒	1				0.596	0.355	0.644		
C2←自主觉醒	1.105	0.094	11.796	***	0.765	0.585	0.414		
C3←自主觉醒	1.13	0.096	11.758	***	0.74	0.547	0.452	0.857	0.501
C4←自主觉醒	1.146	0.099	11.617	***	0.744	0.553	0.446		
C6←自主觉醒	1.088	0.103	10.584	***	0.637	0.405	0.594		
C8←自主觉醒	1.068	0.092	11.557	***	0.748	0.559	0.440		
A2←认知能力	1				0.663	0.439	0.560		
A4←认知能力	1.185	0.098	12.115	***	0.639	0.408	0.591	0.803	0.507
A12←认知能力	1.14	0.08	14.17	***	0.765	0.585	0.414		
A11←认知能力	1.312	0.092	14.301	***	0.771	0.594	0.405		

表7−6是结构模型数据综合统计表。从表中的信息可以看出，其 $P <$ 0.001，均达到了显著性水平，而 CR 值都在0.6以上，AVE 值在0.4以上，说明结构模型的综合指标是可以接受的。这些数据进一步说明学习潜能二阶结构模型是合理的。

五、结语

本研究对于构建学习潜能结构的理论所取得的主要进展体现在以下两个方面：

构建了学习潜能的理论模型。本课题以文献研究为基础，对文献进行了一级、二级、三级编码，在获取大量代码的基础上，归纳总结出文献代码的核心范畴，以及有较高统领性、概括性与抽象性的代码体系，最后得出22个指标和3个维度初始结构。为了验证结构的科学性，对结构做了验证性因子分析。本结构虽然基于文献研究，是在他人研究的基础上构建的，但从目前研究的各种文献来看，还没有人在学习潜能上构建实证性的模型。故，本模型有创造性，有继续深化研究、理论研究、实践指导的价值。

本研究探索出学习策略与学习潜能的关系，即学习策略培养的过程也就是学习潜能开发的过程。当然，学习潜能的开发是一个更大的概念，学习潜能的开发只是学习策略培养的一个部分。

第八章　中学生访谈报告

前面几章主要从量化的角度对中学物理学习策略进行了探讨，得出了一些有启发性的结论。本章通过对中学生进行访谈，了解他们物理学习的现状，以此来探索他们在物理学习中的方法、策略，分析这些方法和策略的类型、特色，以及这些方法和策略的可操作性和推广性。同时，通过对学生学习方法和策略的研究，反映教师的教学方法和策略，以给物理教师一定的启示，进而改进自己的教学。本部分的研究作为前面部分的补充。

一、访谈设计

样本选取。本研究共选取了 3 所高完中校作为访谈对象。其中市区、郊区、农村各 1 所。这 3 所学校在 3 个区域都有一定的代表性。每所学校各选取 50 名学生，即从初中到高三年级各年级选取 10 名学生，按花名册随机取样。访谈样本的总量为 150 名学生。本次访谈各个层次的学生都有参与。

研究方法。因本研究想了解中学物理学习的普遍现象，样本的选取又是随机取样，并非一定要对优生或学困生进行学习策略访谈，因而对访谈对象的条件没有特别的要求。本访谈是在前面几章的调查已经完成之后进行的，对中学生学习策略的现状已经有了整体的感知，访谈的方向比较清晰。在这样的背景下做访谈，笔者就选择了半结构化的访谈方式。在访谈过程中，笔者根据实际情况对提问的内容、方式、顺序，以及回答的方式等灵活地做出了一些调整。因学习策略问题本身复杂，不是三言两语能讲清楚的，而且学生在对学习策略的认识上也是模糊不清的，因而笔者采用了深度访谈法，在对学生进行适当的引导和追问的情况下，让学生尽可能用描述的方式进行回答。为了提高访谈的信度和效度，笔者尽可能制造轻松、愉快的环境。因此，本次访谈笔者采用的是半结构深度访谈法。

本研究的工具有知情声明、访谈提纲、访谈录音、访谈记录和访谈反思。

知情声明。为符合伦理道德规范要求，在访谈开始时，告知了访谈者本次访谈的内容、目的，受访者的权利，受访者的角色要求和保密性原则。同时特别声明，在征得受访者同意后，研究者会对访谈的全程进行录音，访谈者可以拒绝接受访谈，或拒绝访谈时录音。

访谈提纲。访谈提纲包括两部分内容，第一部分是人口统计学变量，第二部分是根据研究目的而编制的访谈提纲。因本次访谈是半结构式访谈，因而访谈提纲非常粗略。

访谈录音。为保证访谈信息的完整性，而使访谈过程中的重要信息不流失，在征得受访者同意的前提下，研究者进行全程录音，把它作为扎根研究的基础。

访谈记录（概要）。对访谈过程中的重要信息进行记录。

访谈反思。在每次访谈结束后，研究者对访谈内容进行归纳反思，主要记录访谈者的体会和心得，以便分析使用。

二、访谈结果及分析

（一）学生预习的策略

预习是重要的学习方法。预习是在课前进行的，是学生的自主学习活动，它对学生课堂学习活动起促进作用。据笔者了解，学生对物理课的预习主要以阅读教材为主，预习效率是不高的。那么，学生有哪些预习的模式和预习的策略呢？

关于预习的重要性。有 39.8% 的学生提到"预习"一词，有 62.3% 的学生认为预习很重要，有 59.7% 的学生反映没有时间预习。认为预习重要的学生认为，预习是对将要学习的知识掌握一个大概，明白自己对哪些问题、哪些知识点比较清楚，哪些东西难以理解。因此，预习是课堂学习的准备期。有了预习，在课堂上才能更加高效快速地掌握教师所讲的内容，扫除学习障碍，提高自学能力。

关于预习是否是任务。有 32.6% 的学生认为教师布置有预习任务，有 9.9% 的学生说教师布置有预习题。在这一点上，初、高中有差异。在高中，仅有 1.3% 的预习是教师布置的，有 26.4% 的学生是自觉、自愿预习的。在受访的学生中有 6.5% 的学生从来都没有预习过物理课。

关于预习的自我控制。不少学生认为预习是负担。学生反映课外作业偏多，没有时间预习。有 6.1% 的学生总是挤出时间来预习，他们养成了预习的习惯。有学生说，其实预习不需要过早，只要适当提前就可以了，比如临上课前的 5 分钟。但大多数学生的预习都放在头一天，预习时间的长短根据学习内容的难易程度来确定，可以是 5 分钟、10 分钟、20 分钟，要想用更长的时间就不现实了。有些教师虽然有预习要求，但从来没有检查过学生的预习情况，他们的学生有 72.5％根本就不预习。对于教师布置有预习题的学生，基本能完成预习任务。如果有多位教师有预习要求时，对于严格的教师，或喜欢的教师的要求能很好地完成。

关于预习的内容。大多数学生都是通过书本将上课的内容大体看一遍，把握其整体内容，就是知道新课大概会学什么，涉及哪些方面，是公式讲解类还是概念学习类，或者是应用类等。在看的时候，要重点关注是否有新的物理概念、物理公式。若有，尝试用自己已学的知识理解这个新公式的内容。另外，要注意课本中所涉及的新的定义，可以尝试对其进行理解或记背。完成了这些，预习基本上就完成了。这其中，也有 4.3％的学生在预习了教材内容之后，会尝试完成一些练习册上的内容。

关于预习的方法。对于如何预习的问题，有 60 位学生有较为清晰的思路。他们认为，预习不是简单的了解教材内容，而是要带着问题去预习，看看课本或资料上设置的练习，把课本内容阅读一遍。通过阅读、分析、思考，看看这些问题自己能回答多少。对于"至少要在上新课之前将新课内容浏览一遍，对新课内容有个大致的了解"，这是学生认识的主流。

对于预习的具体方法，不少学生深有体会。一些学生的做法是：在预习的过程中，要将所遇到的较难而想不明白的问题写在一个本子上，再在课堂上去寻找答案。一些学生把预习当成了重要的学习方式，其做法是：在前一天晚上，将书本上的理论知识与概念看一遍，并尽可能理解这些内容。然后将练习册上的例题先背着答案做一遍，解答完成之后，再与答案对照，如有错误再看书上的概念、公式，看是否是这些理论的应用出了问题，之后再重新解题。如果有错误，要么就继续看书，要么就做个记号，第二天听老师的讲解。还有学生的做法与前一位学生的做法相似："我常常在上课的前一天晚上抽出时间来预习。例如，在学习凸透镜成像之前，我预习了这一节内容，初步了解了凸透镜成像的规律以及它在生活中的不同用处，然后在练习册上找几道例题练习、分析。当然，这种预习也常常会留下一些疑惑，感觉自己知其然而不知其所以然。在第二天的课堂上，老师先讲解了成像规律，我对它有一种熟悉感，心里顿时产生一种自信。当老师在黑板上画图讲解原理时，结合自己的疑点、老师的语言、黑板上的图形，自己的思维似乎迅速被打开了，昨天的疑难问题很快就得到了解决。"

有学生认为，不要把预习看得太复杂，也不要要求在预习时搞懂很多问题。这些问题如果预习就搞懂了还去上课做什么？学生说：提前预习，就是勾画出不懂的问题，并适当地做笔记。所谓"提前预习"，即看看明天老师会讲什么（粗略地看）。所谓"勾画出不懂的问题"，即在第二遍细看时找出不懂的问题。最后，做笔记就是将一些物理量的定义及公式提前抄写在笔记本上。这样做好处是，第二天会带着问题听课，且不用忙忙碌碌地记笔记，而只是补充笔记，把更多的时间和精力放在"听懂"上。

（二）学生听课的策略

对于听课，所有的受访对象都可以说出一些道道来。但总的说来，大概有这样一些观点：要认真听课、要带着问题听课、要边听课边记笔记、要跟着老师的思路走、要对老师的讲解提出质疑，等等。

关于认真听课。学生认为在上课的时候不走神，不干别的事情，跟着老师的思路走，就叫作认真听课。访谈样本中，有91.1%的学生都在物理课上走过神。而走神的学生当中，有28.3%的学生是因为老师讲课太啰嗦而造成的，有37.6%是因为上课太疲倦造成的。

关于听课做笔记。学生普遍认为边听边记是最好的听课方法。但有学生提出不是所有课都要记笔记。有学生谈道："如果是新课，当然不能少了听讲与做笔记。一般书上的内容都是一些结论，而老师讲的是推导结论的过程，这些东西记下来方便理解。所以我们应该认真听，仔细思考并弄懂它，以便在考试或练习中遇到时能灵活运用，同时也应该记下重要的笔记。这样，一方面可以加深印象，一方面为课后复习做准备。"有学生认为，笔记并不一定要记在笔记本上，旁批在书上更好，记下重点和难点就行了。

关于记笔记是否重要。有44.6%的学生认为记笔记很重要，这其中有84%是初中生。

关于练习课是否记笔记。有62.9%的学生认为听懂比记笔记更重要。有18.3%的学生感受到记笔记会影响到听课。有学生说，讲评课上，老师会评讲一些难题、易错题，此刻一定得跟着老师的思路走，仔细思考老师抛出的每一个问题，即使你不确定这个问题自己会不会。这时不要花太多精力做笔记，以听懂为准。因为老师在解题的时候，不只是在公布答案，他们往往是在分析解题方法、解题思路，这些内容千万别漏听了。当然，一些好的题还是要力争把它们记下来，不光是记下答案，而是要记下答案的由来，复习的时候也可以再拿出来看一看，再做一遍。

关于听课效率。有学生认为带着预习的问题听课，可以提高听课的效率，能使听课的重点更加突出。学生说，当老师讲到自己预习时没有弄明白的地方时，要非常认真地听，力求当堂弄懂。他们理解的"听懂"是指理解上有一定的深度，知道了疑难问题的分析过程和思维方法，有了进一步质疑、析疑的冲动，想提出自己的见解等。他们认为，听课听出了重点，听懂了难点，就抓住了听课的关键，听课效率就一定很高了。学生普遍认为，上课时跟着老师的思路走可以提高听课的效率。有学生谈到，他从初中开始，就养成积极动脑思考的习惯。上课认真听讲，不走神或少走神。上课以听讲为主，还要准备一个笔记本，把一些东西记下来，例如知识结构、好的解题方法、好的例题、听不太懂的地方都要记下来。

此外，学生认为注意力集中是提高听课效率的关键。他们认为上课时要集中注意力，不要做其他的事情，要跟着老师的思路走，老师提出一个问题，就要动脑筋去认真思考，不得坐享其成。如果老师请学生回答，就要大胆地发表自己的看法，即使是答错了也不要紧，因为老师会用更好的思路去解决这个问题。

（三）学生复习的策略

复习也是学生喜欢谈论的一个话题，而且有很多的话要说、想说。有学生说，他每天在做家庭作业之前，都要把当天的新课复习一遍，每一周都要把这一周学习的知识复习一遍。这样做的主要目的是避免知识被遗忘。总之，学生认为复习是相当重要的。

关于复习的目的。有 43.2% 的学生认为复习是为了考试。但更多的学生认为复习不仅仅是为了考试。有学生认为，复习是为了建立知识联系体。也有学生认为，复习之后再答题可以提高答题的效率。可以每天先花上十分钟，将一天的错题与难题再过滤一遍，加深印象。再将散乱的知识点系统化，连贯起来，形成一张思维导图，会更加便于知识的掌握与运用。有学生说及时复习学过的知识、做过的练习，有利于提高学习水平。

关于复习的内容与方式。有 10.2% 的学生认为复习就是背诵知识要点、规律、概念和公式；有 28.7% 的学生认为复习的重点是对知识进行归纳总结，理清各知识点、定律、公式之间的关系；有 6.9% 的学生认为复习仅仅就是看一看错题本；有 17.6% 的学生认为复习就是看"两本"——听课笔记本和错题本。总之，学生认为不复习是不能提高学习效率的。

对于复习的时间，不同的学生有不同的分配方案。有学生习惯睡前复习：每天睡觉前，想一想今天学了些什么，并像放电影一样在大脑里把知识点"放映"一遍，把每一个结论、概念、公式都回忆一下。如果在中途发现有什么不明白的或遗忘的地方，可以翻阅资料；如果仍然有疑虑，可以在第二天请教老师或同学。在睡前复习时，可以从一个点进行延伸。对记不清的知识点，可以翻开书做个标记，第二天再次回忆时着重记忆自己标注的地方。但也有一些学生习惯课后就复习（如果有时间的话），学生认为课后复习有利于巩固知识。

（四）完成作业的策略

学生对物理作业的态度。在调查的样本中，有73％的学生认为老师应该布置家庭作业。有学生认为，作业是对一天学习的总结与梳理，对所学知识的掌握程度的一个检测，便于查缺补漏。所以一定要认真对待作业，练习各种不同的题型，熟能生巧，这样才能把所学知识灵活运用，得到好成绩。有31.2％的学生认为作业应该自主选择，或选择性完成。在这一点上，初、高中学生有差异性。有不少高中学生反映，老师布置的作业较多，很多时候都是赶出来的，质量并不高；也有高中学生说，有些题对他们来说太简单，根本用不着做，往往浪费时间；还有高中学生反映，他们根本不想做练习册上的题，他们更喜欢做自己选择的参考书上的题。而初中生反映得更多的是，老师布置的作业太多，而且是各科老师布置的作业都多，想认真做好时间却不够充裕。由此可见，高中生有自主选择作业的意识，初中生更多的是服从于完成老师的作业。

对物理作业的重视程度。有85.3％的学生认为自己是重视物理作业的，非常重视物理作业的比例为37.1％。有学生对物理作业的重视程度非常高，甚至把每天的作业当作一次小型的考试。做完之后，对那些不会的题，要认真读书、看笔记去研究它。对于那些拿捏不准的题，要做好标记，因为它可能会被自己侥幸蒙对，导致自己在评讲时走神。对于自己是否有抄作业的现象，有28.6％的学生说自己曾经抄过作业。对于抄作业的原因，主要是不会做，或没有时间做。有一名高中学生说，他的物理学得不错，但他抄过一个物理成绩不太好的同学的作业。因为在快交作业的时候，那位同学完成了，他尚未完成。

关于完成作业的策略。学生普遍谈不出完成作业的方法或策略，在老师的引导下和追问下，学生谈了一些完成作业的过程。学生完成作业时有哪些行为呢？在调查的样本中，有74.4％的初中生一拿到作业就开始做，其中有52.2％的学生是边看书边做；有39.5％的高中学生是先看书再做。有学生认为，老师一般会布置当天讲的内容，以此来检查你的听课状态，是否是真正的听懂了。这时不用着急，先把书再翻一遍，重点看笔记，回忆老师所讲。然后再做，不熟悉就翻着书做。如果感觉新课是真正地听懂了的，就应该老老实实地关着书写，实在忘了再翻书。对于难度较大的题型，有学生有较好的方法：例如，在做速度、光学之类的题时，可以用画图的形式，先画一个简单的行程路线图或者光路图，再标注上数据。在数据过多的时候，最好采用不同符号标注，以便于清晰辨识。而在做有关密度之类的题时，可以采取文字与符号结合的形式。采用文字叙述可以使整个思路解析变得清晰易懂，而在解答过程麻烦复杂的时候，就可以用符号标注，使得整个思路解析变得简洁。

（五）对错题处理的策略

在调查的样本中，有69％的学生都谈到错题的处理问题。而其中有31％的学生都谈到一种方法：整理错题本。学生认为，整理错题本是一个非常好的归纳方法。在考试前看一下错题本，那个效果真的非同一般。有不少学生常常用三色笔归纳错题，写出分析思路。

有时学生认为"错题"即"好题"。他们习惯把错题写在一个"归错本"上重做，并且经常阅读错题本，以加深印象。他们认为错题本上的题如果出现在练习和考试中，再次出错的概率就大大降低了，即使这些题变了一些形式或条件。因此，他们认为错题本就是好题本。有不少学生对错题本上的内容进行了归类，他们确定出"易错题""难点题""典型题""好题"四个类型。有22.7％的学生认为，错（好）题本使他们的复习有了针对性，是物理取得优异成绩的捷径。如，某同学每周利用周末复习时间及时整理该周的错题，分析做错的原因，将正确的解题思路写在错题本上，同时用三色笔区分难易度和错因。他不断调整学习方法，一有空就拿出来复习，对于考试来说效果肯定是好的。他感觉自己在物理学习上进步很大，更加喜欢学习物理，自己也越来越自信，把这种方法应用到其他学科，效果也挺好。

有学生认为自己最擅长的学习方法就是"集错"。该生在每个周日的下午将自己一周来所有重要的错题抄在笔记本上，先写错误的过程，再用红笔将正确的过程写上去，并分析错因。写完以后翻书对照，如果第二遍又写错了，他会打上着重符号；如果有不懂的地方，他会及时询问老师或同学；针对两遍都做错了的题，他会找一些类似的题来做，以加深印象，将此类题突破并掌握。

有14.9％的学生反对使用错题本。他们认为这种方法很机械，也很耽误时间。有一些学生认为，对于错题听懂了就算结束了，不要过多地去在意它们。也有学生认为，对于自己做错了的题，可以把老师讲评的结果旁批在错题上。他们认为，虽然这样不利于复习，但花的时间少了很多。

（六）物理的应用与生活的联系

有学生认为，物理只有联系实际才有意义。他们是这样做的：将某个物理原理形成的过程记在脑子里，再结合自己的实际生活来思考。这样不仅可以推算出原理，还可以在此基础上向更深层次的问题探索。比如说有关电梯，人站在电梯里，如果电梯向上或向下运动，就可以思考电梯地面压强的变化；还有人说，在刚接通电源的时候灯管最容易被烧坏，是因为产生了瞬间大电流。有学生说得更明白：要用物理知识去解释遇到的生活现象，或者从生活的角度去理解物理。这些方法都有利于物理的学习。比如，在学习物态变化时，每当我们吐出"白气"，我们就会说："看！这是我口中热的水蒸气遇到外面的冷空气液化形成的小水珠！"当我们学了质量后，我们会经常估计物体的质量，有时还会拿同学的体重打趣。这样，我们不仅在学习物理知识、用活物理知识，还可以让学习的过程不那么枯燥。

也有部分学生认为物理与生活联系的重点是进行实验操作。有学生说，物理实验既可以提高自己的动手能力，还容易把物理问题想明白。而且从实验准备到实验器材的整理都是一个细致的工作。例如，使用酒精灯时，要考虑安全问题；使用烧杯时，要考虑烧杯是易碎品，等等。实验过程更是探究和应用物理知识的过程。学生说，实验过程实际就是物理知识的生活化。大多数学生认为实验记录也是一门技术。实验数据通常都是由数值和单位组成的，必要时还要进行运算和换算，在此过程中便要注意读数的准确和运算、换算的仔细，哪怕计算错误仅仅是一个小数点，也可能引起巨大的差异。

有一位初中生详细地描述了他如何把物理与生活结合起来。他说他们刚学习了光学，也做了小孔成像的实验。在小孔成像的实验过程中，他从多种材料中选取了蜡烛、光具座、通光孔以及光屏。他迅速地组装实验器材，确定每种材料的位置及作用，然后进行实验操作：点燃蜡烛放在光具座的一侧，而光屏则放在光具座的另一侧，三个物体的中心大致在一条直线上。前后移动蜡烛，观察光屏上所成像的大小及倒正情况。在此基础上分析像的性质，如正倒、虚实、大小等等。其实这次实验并没有结束，他知道树荫下的太阳光斑是小孔成像形成的，他又去研究树荫下的太阳光斑。他还研究了灯光下人的影子，分析影子形成的原理，并把它与小孔成像的原理做对比。

有学生说，所谓把物理与生活联系起来，就是要对生活现象多思考。如家里突然停电了，要想一想为什么停电了；百米赛跑时，为何要求计时员看到枪冒烟就开始计时而不是听到声音开始计时；为什么汽车刹车后还要行驶一段距离；在雨雪天路滑时，如何减少交通事故的发生；如何判断戒指是否纯金；城市越来越现代化，玻璃墙面的楼房越来越高，黑夜越来越亮，刺眼的光给居民生活带来很多不便，那就去想一想如何减少光污染。此外，猜想一下，没有声音的世界将会是一个怎样的世界？没有摩擦的世界呢？自行车上有哪些物理知识？对物理现象进行深度思考之后，会觉得物理非常有趣。

有学生认为社会实践活动是物理知识应用最好的途径。的确，社会调查、课外制作、课外探究都能把物理从课内延伸到课外，为学生带去研究的欢乐与惊喜。一名学生有这样一段描述：记得有一次，在夏日炎炎的晌午，人们都不会忘记用冰棒来解渴。这不刚好我正从一家杂货铺经过，听着老大爷吆喝叫卖可口的冰棒，我的双眼便紧紧盯住了他手中晶莹剔透的冰棒。我惊奇地发现塑料袋外出现了许多密密麻麻的小水珠，是冰棒也热得流汗了，还是塑料袋被打开了？为了深入地探究它产生的原因，我买下了老大爷手中的冰棒，才发现它既没有漏水也没有开封。他自己解释清楚了这一物理现象，其他人是否也了解这一物理现象呢？于是，该同学对过路的行人做了一个随机访问。在此基础上，他撰写了调查报告。从此以后，该生热爱上了社会调查。

（七）学生自主发展的策略

从学生大量的描述来看，学生的学习缺乏主动性与自主性。经过统计分析，有 43.1% 的学生学习是被动的，有 56.7% 的学生的学习自主性较弱。其中初、高中学生有一定的差异性，初中学生的学习更被动，高中学生学习的自主性有所增强。此外，城市、城郊、农村的初、高中学生在这两个方面的情况相仿。

有学生谈到他最擅长的学习方法是摘录题型，且强调说老师并没有布置这项作业。他谈了他具体的做法：这种方法的使用步骤很简单，只需要买一个厚的笔记本，每遇到一类好题就抄在本子上，然后自己做，做完之后对照答案修改。最好用两种不同颜色的笔书写，黑色用来抄题和写答案，红色用来修正答案。不要把不同类型的题摘录到一起，要学会分类，直到那类题自己完全会做，就可以不用再摘录那一类题目了，但之后如果又不会做那种类型的题了，就应该继续自觉摘录。该生谈到的学习情况，反映了该生学习的主动性和自主性。还有一些相似的例子，也反映出学生的主动性和自主性。

（八）归纳总结的学习方法

有 61.9％的学生采用了归纳总结法。其中，初中生、高一、高二、高三学生分别占 12.3％、13.9％、29.8％、44％。而城市、城郊、农村的学生有一定的差异，分别占 36.5％、32.7％、30.8％。对于是平时就采用归纳总结法，还是在期末才采用归纳总结法，两者所占的比例是 1∶3。

学生普遍反映，他们常常在期末复习时才使用归纳总结法。他们把平时整理好的资料拿出来，对照书本一同复习，重点抓基础知识。熟悉以后，再把值得复习的计算题拿出来挨个看，把涉及的考点及关键思路写出来。如此这般，便可以清晰地知道需要重点复习的知识板块，以便再倒回来梳理知识网络。

有学生认为，归纳总结法不一定是总结知识要点，而是要总结易错题型，总结常考点。比如将一学期以来有价值的错题、好题及解题过程拍下来，存成电子文件，然后再按知识点归类，总结某一类题错误的原因、解决的方法等。这样一来，考试时，看到一道题，可能就会第一时间从脑中调出相关概念、相关错题。

有些学生把归纳总结放到学习的全过程。有不少学生在平时做笔记时就按章节来做。他们认为，老师的板书，你只是抄了一遍，可是那不是你自己的知识，应该在每一章完成后，主动进行归纳总结。他们觉得归纳总结的结果应该形成网络结构，不需要用大量时间去誊抄，只需要花一定的时间过一遍，找出内部联系，最后形成网络结构。

当然，也有学生认为半期考试前是进行归纳总结的最好时机，因为半期考试前就应该系统复习。他们认为，半期复习不应该是盲目地复习，要将错题分类，归纳到各章节乃至各知识点下。同时，不要过分相信"题海战术法"，只需要考虑到整张卷子的结构、要考的题型，并通过重温错题，总结归纳易错点和易考点。在这个时候，归纳总结是非常关键的。

（九）记忆的方法

有 18.4％的学生认为，对物理学习而言，有好的记忆方法至少就成功了一半。八年级学生在记忆方面的感悟特别强烈。八年级刚开始学习物理，有许多物理术语、物理公式、物理量的单位都需要强记。他们常常混淆一些公式和单位。老师强调要理解，也要记忆。学生平常也加强了记忆，在考试前还会专门抽出时间来记忆公式和单位，但在考试中仍然大量地出错。所以，不少学生认为理解记忆最重要。不少学生谈到，上课一定要把知识点听懂，理解透。学生说，其实很多物理知识点跟日常生活都有或多或少的联系，比如生活中的光、声音、车的速度、惯性、温度、四季变化，等等，都是我们能够感受到的。只要将物理与生活联系，就能加深理解并牢牢记住。

学生认为，理解记忆特别适合新课的学习、复习阶段知识体系的建立。学生说，记忆的时候不能死记硬背，得学会理解本质并加以记忆，有时候甚至可以联想记忆，毕竟很多知识点之间有着这样那样的联系。就公式而言，速度等于路程除以时间，但在学习它时还要学会公式的变式：路程等于什么、时间等于什么。这样去思考不仅理解了路程、速度和时间的关系，还能完整地记住公式且不容易忘记。有学生总结出一种叫"思路法"的学习方法，就是对不同的题进行题型界定，整理每一种题型的解答思路。他们认为，这种方法不仅可以建立知识体系，还能记住它。

有 62.3% 的学生反映，复习是记住知识的重要路径。学生说，要想牢记所学知识，就要加强知识的复习与巩固。复习当天的知识、复习每周的知识，一节有小复习、一章有一个复习，走在老师之前去巩固所学知识。记忆的方法有很多，有的知识必须强记（重复记忆），今天记不住的明天再记，别人用 10 分钟记忆的，自己可能用 30 分钟记忆；有的可以采用形象记忆、图像记忆。比如听老师讲串联、并联当中的规律，通过动手实验得到结论后，还不能在头脑中形成知识点，于是有学生就画一幅串联电路图和一幅并联电路图来帮助记忆，串联只有一条线，并联万流归总，等等。

学生普遍认为记忆是有方法的。一名八年级学生举例说，对于"凸透镜"一节的概念理解，"透镜"就是可以让光透过的光学元件，所以用玻璃等透明材料制成。关于"凸透镜""凹透镜"的定义，则从"凹""凸"两字的形状上区分。而关于"焦点"，则从利用凸透镜可以将地面上的纸烧焦这个角度去记忆。在理解的基础上，利用科学的方法，把学过的大量的物理概念、定律、公式、单位记下来，从而融入自己的信息库。

有学生探索出"反思记忆法"。就是在老师的讲评课完成之后，多看、多思考自己错误的地方，并把重要的、易错的题摘抄在错题本上，用不同颜色的笔把难度系数不同的题区分开来。也可以把习题复印下来，剪下重点，贴在集错本上，并时常翻看。久而久之，这些东西就烂熟于心了。

还有学生总结出记、练结合的记忆方法，甚至总结出了记忆的模式。首先，根据书上的描述，记下一切自己认为重要的内容和老师补充的要点；其次，则是练，将自己所记下的内容和要点套入题中，以加深印象。在上新课前，可以用这种方法来预习。在正式上课时，重点听懂预习时没有搞懂的那一部分，在课后通过完成作业来加深这些知识点的印象，从而记住所学知识。

（十）物理思维模型的建立

在接受调查的学生中，有9.3%的初中生认为自己能用物理思维来思考问题，有24.7%的高中生认为自己有时不自觉地用"物理眼光"来看待生活现象。也就是说，这些学生已经形成了一定的物理思维的方式或模型，在不自觉中应用物理知识。

有学生认为，物理与数学必须结合起来。也就是借助数学的一些方法来帮助解决一些物理问题。比如路程与速度、速度与时间的计算，追击、相遇问题等。这些问题的解决其实就是借助了数学方法。又如物理中物体做匀速直线运动时路程与时间正比关系图的分析等。所以数学和物理是分不开的，可以结合起来学。这种方式，是物理与数学结合的建模方式。

有学生认为，物理必须与图形结合起来。有不少学生喜欢用"图像法"来学习。有30.2%的学生习惯在物理实验图像上标示知识点。他们觉得这种图文并茂的方法，更容易理解和记忆，也可以节约一定的学习时间，适用于一些难理解、难记忆、难消化的知识点。在这一点上，高中学生优于初中学生。相比较而言，初中学生更喜欢记录下老师的语言，担心自己的理解与老师的讲解不一致。而城市、城郊、农村学校的学生在这一方面没有差异性。

有学生认为自己最擅长的是"作图分析法"。首先，根据题意画出图像（不需要太标准），有时候题目有多个部分，需要画多个图像；然后，把题上的数据对应标出，注意审题不要标错数据；最后，通过等量代换找出隐藏的数据，这样就很容易把题解出来。他们认为，这种方法最适合"速度""密度"这一类题的计算。又有学生举出了另外一个例子：已知空杯质量，装满水后的总质量，装满某液体后的质量，求物体密度这类题，仅从语言上来理解是很抽象的，但如果用简笔画来表示以上的三种情况，且标注液体的种类、两种液体体积和质量的关系，解题思路也就清晰了。

有学生认为，物理必须与应用结合起来。因为物理来源于生活，物理之所以称为物理，是因为它就是生活中的事。有些学生每学完一节课都会讨论本节课的知识在生活中有哪些应用。因为他们相信这些知识在生活中一定有"用武"之处。

有学生认为，学习物理必须与实验、与观察结合起来。例如，在讲液体压强一节时，老师在空矿泉水瓶子的侧面不同高度处扎了几个小洞，将水倒入瓶中。学生会聚精会神地观察，像看电影一样，生怕漏掉哪个环节。做好实验，老师会问看到什么现象，大家都不约而同地回答"水喷出来了"。其实，还有一个答案"越是下面的小洞水喷得越远"。这两个结论中，后面的一个结论是研究的重点。初中物理的实验很多，但实验不是看热闹的。还有学生举例：木块压在海绵上，海绵凹陷，即产生形变，说明木块对海绵有压强。类比一下，水喷出来，说明水对瓶子侧壁有压强，且水越深压强越大。那么，倒入其他液体会产生什么现象呢？这时候就需要开动脑筋思考。

三、结语

（一）结论

（1）本次调查反映出初、高中学生在学习策略上有一定的差异性。笔者分析，其关键是初中学生的自主性比高中学生弱，初中学生更依赖于老师而学习，因为他们对物理学习没有形成更多的经验。

（2）城市、城郊、农村的学生，无论是初中学生还是高中学生，在学习策略上都没有太大的差异性。

（3）学生的有些学习方式是值得肯定的。如一些记忆方法、与生活联系的方法、物理思维建模的方法等等。如果对学生加以科学的指导，一定会让这些学习方法达成更高的效率，也就提高了学生的学习能力。

（4）总的说来，学生的学习方式还很传统。如，从学生反映的听课方法来说，他们更多地考虑如何去听懂知识，所谈内容很少涉及自己的主动性与自主性；在复习方面，学生更多地谈到对知识点的复习，很少谈及知识建构的方法与策略，等等。另一方面，学生非常重视对错题的处理，他们认为这是非常重要的学习内容。而对于错题，许多学生用反复抄写、反复阅读、重复练习等处理方式，这都是一些非常传统的学习方式。同时，几乎没有听到学生在课外借助互联网来学习，这是学生学习方式比较传统的突出表现。

（5）从学生的学习方式去反观，可以发现，教师的教学方式也是很传统的，教师的着力点仍然在考试上。因为学生的许多行为，正是教师要求的反应。如果不是教师对知识的过分强调，学生的视角也不会仅仅停留在知识之上；如果教学方式是多元的，那么学生在课堂上的表现就不仅仅是专心听懂和认真记笔记的问题；如果不是教师特别强调对错题的纠正，那么"纠错"就不会成为学生口中的热词。

（6）学生没有较为完整的物理学习方法和体系，大多数学生所谈都是只言片语，都是碎片化的。很少有学生谈到三种以上的学习方法。

（7）学生的学习策略集中在知识的学习上，而在学习的自主性、自信心、自我监控等方面谈得很少，笔者认为这一部分的策略是缺失的。

（二）建议

（1）要转变教师的教学观念与教学方式，紧跟教学改革的步伐，落实学生发展核心素养。不要过分地强调知识的传授，要把自己的角色定位在引导学生学习上。

（2）要重视学生学习方法的培养。除了学生知识学习的方法，还要重视学生思维，特别是学生高阶思维的培养。同时，还要培养学生自主学习、自我控制、提高自信心的策略和方法。

（三）本研究的局限

本研究重点探讨物理学习策略的普遍现象，没有过多地探讨物理学习策略在不同年级、不同区域的差异性，因此数据挖掘的深度不够。笔者将会继续分析数据，以使本次调查访谈的研究更加科学，更加深入，对现实生活更具指导意义。

总之，从本次调查访谈中，笔者既发现了学生学习策略的不足，也发现了物理教师教学方式的不足。因此，本次调查访谈结果对广大物理教师，特别是样本学校的教师是有启发作用的。

附　录

附件1　中学生学习策略量表中学版（LASSI－HS）

1. 我担心我的功课不及格	16. 我上课经常没预习
2. 我能分辨得出老师的讲课内容哪些比较重要，哪些不太重要	17. 复习时，我常常会猜题
3. 我感到很难按学习计划进行学习	18. 我宁愿不用上学
4. 课后我浏览笔记，帮助理解老师讲课的内容	19. 读书时做的笔记有助于我复习功课
5. 只要能找到工作，我并不在乎我中学能否毕业	20. 我考试没考好，因为我短时间内很难计划好我的时间
6. 上课时，我会想起其他无关的事情，没有听老师讲课	21. 复习课堂笔记时，我会猜测哪些可能会考
7. 我会利用课本中的标题、黑体字等来帮助学习	22. 只有在有考试压力时，我才学习
8. 听课时，我会努力找出老师的讲课要点	23. 我会用自己的话来理解、表达学习内容
9. 我会因为得低分而感到泄气	24. 我会与其他同学对笔记，看看是否记全
10. 我按时完成所有的作业	25. 学习时我感到很焦虑
11. 约会、与父母斗气等校外的事情使我没有做功课	26. 课前，我会把上一次的课堂笔记复习一下
12. 做功课时，我不是只随便看看，而是深入思考，考虑哪些比较重要	27. 刚听完一堂课或看完一本书，我很难把主要内容概括出来
13. 即使学习材料枯燥乏味，我也能坚持，直到完成功课	28. 即使我不喜欢某一门课，为得高分我仍会努力学习
14. 我并不很清楚我的学习目的	29. 在校内我常感到我经常受周围发生的事的影响
15. 学习新单词或概念时，我会通过想象它们的使用场合来把握它们	30. 读书时，我经常停下来思考一下或总结一下有关内容

31. 尽管已复习得很好，考试时我仍感到不安	50. 我不喜欢大部分功课
32. 学习时，我设法从逻辑上理顺有关内容	51. 有时我连考试题的题意都弄不明白
33. 没有完成功课时，我总是找借口原谅自己	52. 我通过作图、画表格的方式归纳已学过的知识
34. 学习时我不知道从何入手	53. 考试时，担心考不好，影响了我集中注意力
35. 每次考试一开始，我都确信自己一定能考好	54. 因为没有认真听讲，以致有些课文内容我不太明白
36. 我会时时检查自己，看看老师在课堂上讲的东西我是否都懂	55. 我会阅读老师在课堂上指定的课文内容
37. 我不想在学校里学很多东西，我只想学我认为有用的东西	56. 重大考试时，我感到很恐惧
38. 我会因为情绪不好而不能集中精力做功课	57. 我腾出一块时间做功课，并坚持到底
39. 我试着把我正在学的东西和已有的知识联系起来	58. 考试时，我发现我复习偏了
40. 我为自己树立了较高的学习目标	59. 我很难确定课文中哪些是需要记忆的重点
41. 每一次考试我总是以临时死记硬背的方式应付	60. 学习时我能完全集中注意力
42. 我觉得我在课堂上很难集中注意力	61. 我会利用章节的标题找出课文中的重点
43. 阅读课文时，我特别留意每个段落的第一句话和最后一句话	62. 考试时我很紧张，因而没有发挥出我应有的水平
44. 我只学那些我感兴趣的科目	63. 我死记语法规则、术语和公式等，根本没有理解它们
45. 学习时我很容易分散注意力	64. 我经常考自己，确信我已经掌握了所学的内容
46. 我设法把正在学习的知识同自己的亲身体验联系起来	65. 我经常拖延作业
47. 我善于利用课余时间进行学习	66. 我设法弄清楚我所学的东西在日常生活应如何发挥效用
48. 碰到难题时，我要么放弃，要么只做容易的部分	67. 做功课时我容易走神
49. 我通过作图或写要点的方式来帮助理解所学的内容	68. 在我看来，课堂上教的东西没有什么用处

69. 复习时，我浏览以前所做的作业	80. 解决问题时，我会问自己是否考虑了所有的方法
70. 我不懂得用不同的方法去学习不同的科目	81. 学完之后，我会问自己是否尽最大努力了
71. 做功课时我会迷失于细节中，找不到要点	82. 老师不要求，我就不复习
72. 如果有机会，我会去听专门的复习课	83. 预习时，我会就所有的内容对自己提出问题
73. 我把太多的时间用于交友，以致耽误了功课	84. 解决问题时，我会想出几种方法，并从中选出最好的
74. 考试时或写作文时，我发现自己会错了题意，因而丢了分	85. 学完就完，我是不会自己总结的
75. 我设法把我正在学习的各种概念联系起来	86. 学习时，我会分析各种方法的优劣
76. 阅读时我很难找到重点	87. 学完之后，我会问自己是否达到了学习的目标
77. 我能自己掌握学习时间	88. 一个问题解决之后，我不会再进行反思
78. 在开始学习时，我会考虑自己该学什么	89. 解题之前，我会仔细读题
79. 考完试后，一般我不清楚自己考得如何。	90. 学习新内容时，我会针对所学的内容向自己提问

附件2　LASSI－HS量表项目分配表

态度	5、14、18、29、37、44、50、68
动机	10、13、16、28、33、40、48、55
时间管理	3、22、41、47、57、65、73
焦虑	1、9、25、31、35、53、56、62
专心	6、11、38、42、45、54、60、67
信息加工	12、15、23、32、39、46、66、75
选择要点	2、8、59、71、76
学习辅助	7、19、24、43、49、52、61、72
自我测试	4、17、21、26、30、36、64、69
考试	20、27、34、51、58、63、70、74

附件 3　中学生物理学业情绪量表

题　项	完全符合	基本符合	不确定	基本不符合	完全不符合
我特别期待做物理作业					
我不觉得物理作业是负担					
物理作业能激励我学习					
物理作业总是非常有趣的					
为做作业学到了知识而高兴					
为独立完成了物理作业而高兴					
为有能力完成物理作业而高兴					
为物理作业中有了新思路而高兴					
一做物理作业就感到紧张					
总担心物理作业太难					
总担心物理作业会大量出错					
总担心老师会批评自己的作业					
为物理老师布置作业而生气					
为物理作业的量很大而生气					
为物理作业很难而生气					
为要上交物理作业而生气					
为生涩的物理题而厌烦					
难以集中精力完成物理作业					
做物理作业时因心烦而思维混乱					
单单只是想到物理作业就烦					
我特别期待上物理课					
我不觉得物理课是负担					
物理课能激励我学习					
我觉得物理课特别有趣					
为物理课学到了知识而高兴					
为认真听完物理课而高兴					
为自己能学好物理课而高兴					
为物理课上自己有新见解而高兴					

题 项	完全符合	基本符合	不确定	基本不符合	完全不符合
一上物理课我就感到紧张					
总担心物理课太难					
总担心没有听懂物理课					
总担心老师批评自己物理学不好					
我常常为老师的教授方法而生气					
我常常因听不懂物理课而生气					
我常常因生气而难以集中精力					
我常常因生气而思维混乱					
一提到物理课我就心烦					
我总是难以集中精力听完一堂物理课					
上物理课时因心烦而思维混乱					
我常常为物理课后的作业而心烦					